迷わないおしゃれ

パーソナルスタイリスト
高橋愛

WAVE出版

はじめに

はじめまして。パーソナルスタイリストの、高橋愛です。

まずはかんたんに、自己紹介をさせてください。

洋裁好きの母の影響か、幼いころからファッションに興味があり、服飾系の大学に進学しました。卒業後は約10年間アパレル業に携わり、トータルで5万人以上、一般のお客様のコーディネートをお手伝いさせていただきました。

その後、パーソナルスタイリストとして独立。

パーソナルスタイリストとは、ご依頼いただいた方の買い物に同行し、似合う洋服をお見立てしたり、ファッションに関するご相談をお受けしたりするスタイリストです。

おかげさまで、独立後すぐに、3カ月先まで予約が埋まるという、本当にありがたい状況でスタートしました。

この活動を通して気づいたのは、**感覚的なことが多く思える「おしゃれ」にも、実はルールがある、**ということです。

SEOSONAL DRINKS
CARAMEL MILK TEA

「頑張っている感じはしないのに、なんだかおしゃれで、こなれた感じになりたいんです！」

アパレル時代からとにかく多いリクエストですが、これも、そのルールさえ身につければ、誰にでも叶えることができるんです。

この本では、「おしゃれの基本ルール」と、それをもとに「自分らしいおしゃれ」を組み立てていくための道筋を、私なりに案内させていただきます。

とくに、これまでスタイリングをお手伝いするなかで、みなさんが悩んでいたなと思うポイントについては、ていねいにご説明しますね。

この本を読み終えたあなたが、ファッションを思いきり楽しめるようになり、さらには家族や同僚、お友達から

「なんだかあかぬけたね」

「最近、雰囲気が変わって素敵！」

「いつもどこで服を買っているの？」

なんて聞かれるようになったらいいな、と想像しながら書いていきます。

高橋愛

迷わないおしゃれ　もくじ

CHAPTER 1

定番アイテムで、センス良く

CHAPTER 2

賢く買って、あかぬける

CHAPTER 3

このテクニックで、こなれて見える

CHAPTER 4

時間のない朝、とくに頼れる味方たち

デザイン…………加藤愛子（オフィスキントン）
写真………………宮城夏子
ヘアメイク………高井奈里（LUNAANUE）
校正………………服部妙子
編集………………寺門侑香（WAVE 出版）

本書で紹介している衣服や小物は、すべて著者私物です。
現在は販売が終了しているものもございますので、ご了承ください。

CHAPTER I

定番アイテムで、センス良く

白シャツこそ、普段着にとりいれる

tops：EDIT. FOR LULU
bottoms：Plage
bag：Banana Republic
shoes：La TENACE

「洋服を10枚しか残せません！」と言われたら、あなたは何を選びますか？

私がまず選ぶのは、間違いなく白シャツです。

白シャツは、合わせ方によって、可能性が無限大。シンプルだからこそ、着る人そのものの魅力を引き出してくれます。

はじめに、でもお伝えしたとおりお客様から「なんとなくこなれた感じになりたい」というオーダーをたびたび受けるのですが、そういう方のなかで白シャツを持っていない、あるいは持っていてもあまり使わない方は意外と多いのです。白シャツを着回せるようになるだけで、その願いの半分は達成できるかも？（笑）

きれいめに着たいときは、白シャツが見える面積を小さく、控えめに。襟元、袖などでチラ見せするのがおすすめです。**このときは、アイロンを細部まできっちりかけておくのが鉄則**。白シャツの持つ清潔感を最大限にいかしたいところです。

カジュアルに着たいときは、白シャツが見える面積を大きく、メインアイテムに。**こちらは少し、シワがあってもかまいません**。それもまた味、くらいの気持ちでざっくり着ると、こなれた白シャツスタイルの完成です。

襟袖からの白をきかせて
ノーブルな雰囲気に

tops（shirt）：UNIQLO
tops（knit）：UNIQLO
bottoms：IENA
bag：Banana Republic
shoes：Daniella & GEMMA

上下ホワイトコーデは小物使いが肝

coat：GALLARDAGALANTE
tops：UNIQLO
bottoms：ZARA
bag：ZARA
shoes：FABIO RUSCONI
scarf：manipuri
belt：B-Low The Belt

きれいをキープしながらのスウェットパンツコーデ

tops：EDIT. FOR LULU
bottoms：UNIQLO
bag：Ron Herman
shoes：adidas
stole：Faliero Sarti

白Tシャツは、最強の引き立て役

tops（shirt）：UNIQLO
tops（knit）：TOMORROWLAND

白Tシャツは一見地味なアイテムですが、なくてはならない、陰の主役級アイテム。ほんの少し、首もとや裾から出してチラ見せするだけでも、その威力は大きいのです。

首元から見せる白Tシャツは、レフ板効果で顔うつりを良くし、表情までパッと華やかにしてくれるので、私もよく助けられています。

裾から出すときは、1〜2㎝を目安に。ウエスト位置が明確になるので、スタイルアップ効果が期待できます。

また、ジャケットのインナーを

jacket：Deuxieme Classe
tops：UNIQLO

シャツから白Tシャツにチェンジすると、それだけでいきなりこなれた感じに。

あっさりして少し寂しいように感じたら、ネックレスやストールを足して、スッキリ感は損なわないように注意しつつまとめてみましょう。

コンサバ寄りにまとめたいときは、パールや華奢なチェーンのネックレスを。カジュアルに着たいときは、大ぶりなネックレスやピアスなどを合わせてみるのがおすすめです。

TOPS

とろみシャツは、「盛る」のが正解

tops：UNIQLO

素材でいうとレーヨン、ポリエステル、シルクを使っている薄め質感のシャツの総称がとろみシャツです。

大人っぽくきれいに着られるアイテムですが、着方や合わせ方によっては、貧相な感じになってしまったり、老けて見えてしまう危険性も。それを避けるためにも、**とろみシャツに合わせるボトムスは、張りのある素材を選ぶのが基本**です。

ちょっと単品では元気すぎるかな？　と思うくらいのボトムスを合わせると、品があり、かつヘルシーな雰囲気も演出でき、大人の余裕あるカジュアルスタイルに。ダメージデニムやカーゴパンツなど**メンズライクなものとの相性は抜群**です。

ただ、上下をとろみ素材にしたいときもありますよね。そんなときは、どこかにコントラストをつけないと、ぼんやりしてしまいます。

・上下の色に差をつける
・バッグをボリュームのあるものにする
・ポイントになるアクセサリーをつける

このどれか1つをやってみると、失敗なく着ることができますよ。

日焼け肌に合いそうな デニムコーデ

tops：UNIQLO
bottoms：ZARA
bag：Ron Herman
shoes：Daniella & GEMMA
belt：Plage
bangle：Harpo

上下とろみ素材には ボリュームのあるバッグを

tops：UNIQLO
bottoms：Shinzone
bag：KONTESSA
shoes：GU
scarf：UNIQLO

ビビッドなグリーンは
ブラウンの小物でまとめて

tops（shirt）：UNIQLO
tops（knit）：UNIQLO
bottoms：COLLAGE
bag：ZARA
shoes：FABIO RUSCONI
belt：UNIQLO

TOPS

ボーダーTシャツは、ナチュラルさを抑えて着る

tops（all）：無印良品

大人の女性がボーダーTシャツを着るときに気をつけたいのが、ナチュラルさを抑えることです。

ナチュラルアイテムとの相性は抜群なのですが、**すべてをナチュラルにまとめてしまうと、どこかホームウエア感の否めない感じ**になってしまいます。そこで、小物でピリッと感を加えてあげることで、大人のボーダースタイルに仕上がります。

また、定番アイテムだからこそ、コーディネートにバリエーションを持たせられたら嬉しいですよね。

・ビビッドカラーを合わせてみる
・ジャケットスタイルにとりいれてみる
・きれいめスタイルにとりいれてみる

などの方法を、試してみてください。

また、ボーダーはピッチ（太さ）によって印象が変わります。細めはきれいめな印象、太めはカジュアルな印象を与えるので、意識してみましょう。

シックな色使いで
パリジェンヌ風ボーダーコーデ

tops：TOMORROWLAND
bottoms：Whim Gazette
bag：KONTESSA
shoes：Daniella & GEMMA
stole：Faliero Sarti

クセありアイテムを入れても
サラッとまとまるのがボーダー

jacket：—
tops：UNIQLO
bottoms：Plage
bag：Hashibami
shoes：CORSO ROMA 9

ビビッドなイエローで
元気よく

tops：UNIQLO
bottoms：COS
bag：ZARA
shoes：La TENACE

きれいめコーデにこそ、デニムシャツは欠かせない

デニムシャツをあえてきれいめスタイルにとりこんでみると、周りと差のつく、大人の女性らしい装いに。

気をつけたいポイントは、2つあります。

まず1つめは「合わせるカラー」です。基本はモノトーンで合わせましょう。品良く、いつものスタイルに変化をつけられます。

2つめは、「どこかにレザーをとりいれること」です。洋服、靴、バッグ、いずれか1点にレザーを使うことで、カッチリ感が出て、デニムシャツをクラスアップ

ちょっと攻めな
ライダースコーデ

jacket：STUDIOUS
tops：GU
bottoms：Deuxieme Classe
bag：Ron Herman
shoes：CONVERSE

して着ることができます。

普段きれいめスタイルが中心の方には、縁の薄いアイテムかもしれませんが、そんな方にこそ、ぜひ活用してほしいと思います。たとえばジャケットを羽織るとき、インナーをデニムシャツにするだけでグンとあかぬけます。

紺ブレ+
デニムシャツは
失敗しない
トラッドコーデ

jacket：UNIVERSAL LANGUAGE
tops：GU
bottoms：Shinzone
bag：ZARA
shoes：CORSO ROMA 9
belt：UNIQLO

肩掛けなどポイント
使いにも
使いやすいのが
デニムシャツ

tops：GU
dress：nano・universe
shoes：Church's
hat：Janessa Leone

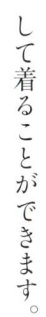

アンサンブルニットは、変に着崩さない

tops：DRWCYS

アンサンブルニットは、セット使いはもちろんのこと、単品使いもしやすいので、何色か揃えておくと便利です。**ベーシックカラーを2セット、きれいめカラーで1セットを持っておくと、忙しい朝に重宝します。**

アンサンブルニットは変に着崩さず、きれいな印象のまま着るのがおすすめ。合わせるボトムスによって、幅広く印象チェンジできるところもまた優秀です。センタープレスのパンツや、フレアスカートを合わせるのはもちろん、デニムなどのカジュアルアイテムに合わせてみても、洗練された雰囲気に仕上がります。

足元はヒールで女性らしくまとめるほかに、ローファーと合わせても素敵です。スニーカーと合わせてカジュアルにまとめたいときは、ボリュームのあるタイプだと、もっさりした印象になりがちなので、注意が必要です。コンバースなどのボリュームがあまり出ないものを合わせると、スッキリきれいにまとまります。

BOTTOMS

細身のデニムは、月１ではく

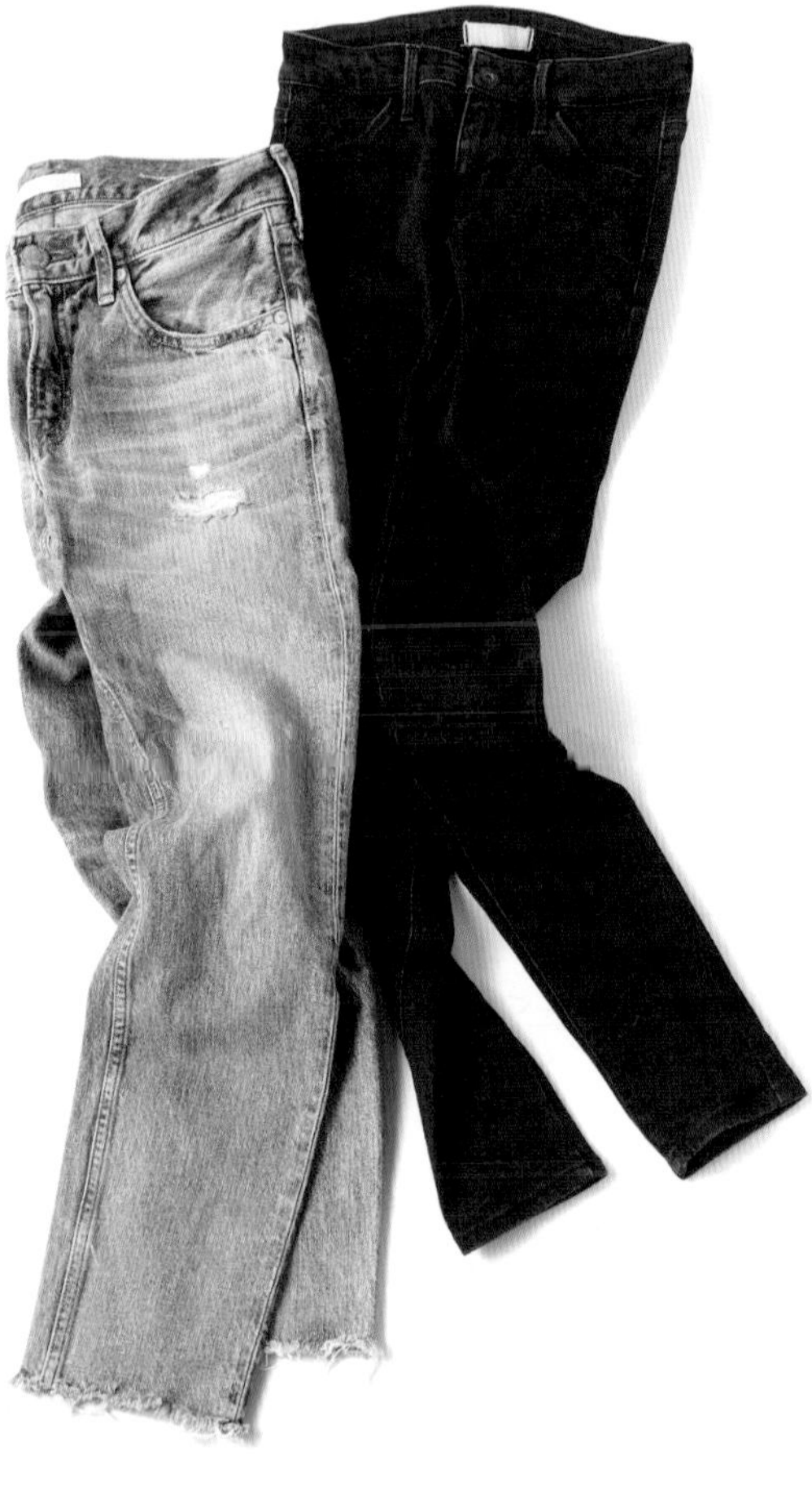

bottoms（left）：RED CARD
bottoms（right）：UNIQLO

デニムは制服、といっても過言でないくらい、よくはいている方も多いのでは？ただ、定番アイテムとはいえ、流行があります。頻繁にはくからこそ、シーズン初めに、そのシーズンのラインをチェックしてみるのもいいかもしれません。

また、**デニムは体形の変化を顕著に感じることができるアイテム**です。とくにストレッチのきいた細身のデニムは、久々にはいてみると「……えー!!」と驚くことはありませんか？（私はあります……）

脚の太さや形が丸見えになるという点では、ある意味こわくもあるのですが、定期的にはくことで、自身を知ることができます。

流行によっては細めのデニムと疎遠になることもありますが、体形キープのためにも、細身のデニムを定期的にとりいれてみましょう。できるなら月に1回は、はいておきたいですね。

ちなみに、デニムをきれいめにまとめるときのポイントは、ニットやシャツを合わせることです。きちんと感を保つよう心がけると、デニムでもお出かけスタイルに格上げできますよ。

ストライプシャツと合わせると
ダメージデニムも上品に

tops（shirt）：Chez toi
tops（knit）：UNIQLO
bottoms：RED CARD
bag：L.L.Bean
shoes：CONVERSE
belt：Plage

ピンクもデニムと合わせることで
甘さ控えめにまとまる

tops：DRWCYS
bottoms：UNIQLO
bag：Banana Republic
shoes：Daniella & GEMMA
scarf：GU

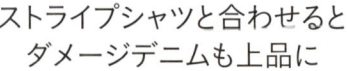

発色のいいレッドと
デニムの相性はばつぐん

coat：GALLARDAGALANTE
tops：COS
bottoms：ZARA
bag：KONTESSA
shoes：Shinzone

BOTTOMS

ホワイトデニムは、選び方で
マイナス3kg見え

jacket : Deuxieme Classe
tops (t-shirt) : UNIQLO
tops (shirt) : Ron Herman
bottoms : UNIQLO
bag : A.
shoes : Shinzone

「ホワイトデニムは、太って見えるから挑戦しにくくて……」というのは、よくあるご相談の1つです。

お話をよく伺ってみると、たいてい、デニムの選び方に問題があります。みなさん、ほっそりと見せたいがために、なるべく細身のものを選んでいるのです。

その気持ちは、ものすごくよくわかります。ただ、**ホワイトデニムに限ってはゆとりを重視するのが、実は正解**です。

さらに、とくに肝なのが、膝下のシルエット。膝下がピタピタなサイズを選んでしまうと、膨張色ゆえ、実際より太く見えてしまうのです。

ストレッチが強くないものか、ノンストレッチなもの。膝下のシルエットを拾わないもの。この2つを満たせば、マイナス3kg見えも夢ではありません！

着方としては、フルレングスではくとぼやけるので、ロールアップしてメリハリを意識しましょう。秋冬なら、ロングブーツにインしたスタイルもいいですね。

また、ホワイトデニムはなるべく清潔感をキープしたいので、汚れが気になったら気軽に買い替えられるよう、プチプラをおすすめします。

BOTTOMS

ほどよいギャップは、カーキパンツから生まれる

bottoms：Plage

カーキのカジュアルパンツをはくときに、まず気をつけたいのが、抜け感です。ただそのままはかない、というのが、抜け感を出すポイントになってきます。

同じカーキパンツでも、やわらかい素材だと、カジュアル度が高くなります。きれいめにはきたいときは、少し張りのある素材を選びましょう。

ただ張りがあると、メンズ寄りな印象もあるので、**軽くロールアップさせ、足元は女性らしい靴を合わせるのが鉄則**です。

もう1つ気をつけたいのは、清潔感です。合わせ方によっては、ズルッとだらしない印象にもなりかねません。

コーディネートのなかに、「かっちりめのシャツ」「ハイゲージニット」「とろみ素材」など、きれいめな要素のあるアイテムを組みこんであげると、清潔感ある着こなしが完成します。

こんなふうに、カーキのカジュアルパンツを「ギャップを生むアイテム」として使いこなせるようになると、一気におしゃれ上級者感が出てきます。

BOTTOMS

とろみパンツで、立ち姿に自信が持てる

tops：UNIQLO
bottoms：GALLARDAGALANTE
bag：ZARA
shoes：Shinzone

とろみパンツは、とにかくメリットがたくさん。

最大のメリットは、着やせするということです。**とろみ素材の特徴である落ち感が、すっきりした着こなしを約束してくれます**。

また、合わせるアイテムにカジュアル度が高めのものを持ってきても、なんなくきれいに着こなせるアイテムでもあります。

弱点を挙げるとするなら、生地に張りがないため、下着のラインなどの余計な情報を拾ってしまうところでしょうか。これは3つのポイントを押さえれば、クリアできます。

・下着のラインに気をつける
・お尻が気になる場合は、ポケットつきのものを（飾りポケットでもＯＫ）
・着丈はそんなに長くないものを選ぶ（くるぶし丈程度が使いやすい）

素材の弱点をカバーし、うまく味方につけて、立ち姿も後ろ姿もすっきり見せたいですね。

きれい色ボトムスでオンオフ使いやすい
半袖ニットスタイル

tops：DRWCYS
bottoms：GALLARDAGALANTE
bag：Ron Herman
shoes：FABIO RUSCONI
bangle：A.
belt：UNIQLO
glasses：Zoff

たまにはリュックと合わせたい、変化球コーデ

jacket：PLST
tops：my clozette
bottoms：PLST
bag：patagonia
shoes：adidas

BOTTOMS

オンオフどちらも使える、ストライプパンツ

tops（t-shirt）：UNIQLO
tops（knit）：green label relaxing
bottoms：ZARA
bag：TOFF & LOADSTONE
shoes：FABIO RUSCONI

tops（t-shirt）：UNIQLO
tops（knit）：UNIQLO
bottoms：ZARA
bag：ZARA
shoes：CONVERSE

時間がない朝、今日はきちんとしたいシーンがあることを思い出したら、きまって手にとるのがストライプパンツです。さまざまなテイストに溶けこみやすく、なんとなくキマるので、つい頼ってしまいます。

合わせる靴はヒールでもスニーカーでもしっくりきて、印象をかんたんに変えられるのも、ストライプパンツの優れているところ。

忙しい日に、**朝はスニーカーで出かけ、いったん帰ったときにヒールにチェンジする、なんて方法もあり**です。

おすすめは、ストライプのなかでも、ピンストライプのもの。スーツ生地のような、きちっとした生地がベストです。さらにセンタープレスがきいていたら、間違いありません。

色はブラックだとカッチリ感が強く、スニーカーと合わせたときに馴染ませにくいので、ネイビー、グレーあたりをまず持っておきたいですね。

BOTTOMS

フレアスカートは、まずは白を持っておく

tops：UNIQLO
bottoms：UNIQLO
bag：KONTESSA
shoes：GU
necklace：IENA

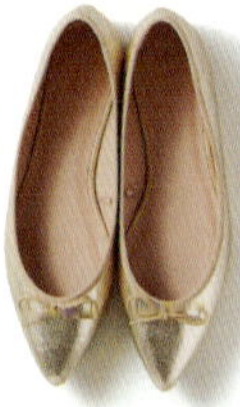

ただ着るだけで女性らしく、品のある雰囲気をまとえるフレアスカート。とくに、誰かと初めましてのシーンで選びたいのが、このアイテムです。一瞬での判断基準は服装も大半を占めるものですから、上品な印象を与えたいときに、使わない手はありません。これを書いていて、私ももっとはかないと……と反省しました（笑）。

なかでも白のフレアスカートは、フレアスカートの持ち味を最大限にいかせる色なので、必ず押さえておきたいところ。

さて、大人スタイルでフレアスカートをはくときに気をつけたいのが、膝上タイプはNGということです。膝が隠れる丈を選んで、あくまでもレディな感じで着こなしたいですね。

生地の選び方とフレア具合は、体格によって似合う度合いが変わります。痩せ型の方は、ウエストベルトすぐ下からギャザーが入っているもので、生地はタフタなどの張りがあるものを選びましょう。腰張り型の方は、ウエストベルトの下はすっきり腰に沿う形で、生地はしっとり、あまり厚手でないものがおすすめです。

プリーツスカートは、コンサバに着ない

bottoms（left）：UNIQLO
bottoms（right）：GU

年齢を重ねたからこそ、より楽しめるアイテムってありますよね。プリーツスカートも、その1つなのではないでしょうか。

プリーツスカートは学生っぽく、変に若くならないように気をつけることと、コンサバにまとめないことが、おしゃれに着こなすポイントです。コンサバスタイルにも合わせられなくもないのですが、無難すぎて、ともすればあかぬけない感じにも。ここは洗練された、プリーツスカートコーデを目指したいところです。

素材は、ウールなどのしっかりしたものを選ぶとトラッド寄り。シフォンなどの軽めの素材を選ぶと、カジュアル寄りな印象です。

シフォン系なら、夏はサンダルやスニーカーと、冬はブーツやタイツと合わせて着ると、オールシーズン着回せます。

膝が隠れるくらいの丈と、ロング丈の2種類を持っていると、だいぶコーディネートのバリエーションが増えるので、**買い足すなら着丈の違うもの**を揃えてみてくださいね。

ゆるめニットを合わせて、
きれいにまとめたい日に
ぴったり

tops：ADAM ET ROPE'
bottoms：GU
bag：ZARA
shoes：CORSO ROMA 9

ハットにブーツと
モードな小物使いで、
おしゃれな印象に

hat：Janessa Leone
tops：UNIQLO
bottoms：GU
bag：A.
shoes：Church's

ライダース+プリーツは
スニーカーで
ハードさを和らげて

jacket：STUDIOUS
tops：UNIQLO
bottoms：UNIQLO
bag：Ron Herman
shoes：CONVERSE

ノースリーブを
合わせて
Iラインでスッキリと

tops：UNIQLO
bottoms：UNIQLO
bag：TOFF & LOADSTONE
shoes：Daniella & GEMMA

BOTTOMS

タイトスカートは、リブ素材が優秀

コンサバな印象が強いタイトスカートですが、より幅広いコーディネートを楽しみたいですよね。その願いを叶えるのが、リブ素材のタイトスカートです。たとえばスーツ素材を選んでしまうと、足元をカジュアルにすると、たちまちもっさりしがちに……。

一方リブ素材のものは、パンプスを合わせてきれいめなシーンにも安心して使えるうえ、**スニーカーを合わせるとグッと表情が変わり、都会的なコーディネートに早変わり**してくれます。

ただ、体形がそのまま出るので手にとりにくい、という声もよく聞きます。たしかにラインが丸見えなので、ちょっと抵抗もありますよね。

注意してほしいのは、上半身のシルエットです。トップスはあまり身体のラインを拾わず、シルエットが小さすぎないものにしましょう。写真では、少し大きめのパリッと素材の白シャツを無造作に着てみました。

tops：GU
bottoms：Deuxieme Classe
bag：ZARA
shoes：Shinzone

JACKET

トレンチコートで、
女優風コーデを楽しむ

coat：HYKE

トレンチコートは、年齢を重ねるごとに素敵に着こなせるアイテムだと思います。カジュアルスタイルにさらりと合わせても格好いいですし、なかにワンピースやふんわりしたスカートを入れてベルトをキュッと締めると、トレンチが主役の、優雅で華やかな着こなしにもなります。たまにはそんな女優風スタイルも、気分が上がりますよね。

トレンチコートは、何着も揃える必要はないと思います。納得のいくものを選んで、ベストな一着を大事に長く着る、そんな付き合い方をしていきたいです。

自分に合うトレンチコートの選び方は、お顔の色に合わせるのが基本ですが、**高見えしやすいのは、少し赤みを感じるベージュ**です。

「トレンチコートはいかつく見える気がして……」という声も多いのですが、これも選び方で解消できること。**腕の縫い目がどこに来ているかに着目**してください。

脇下から首元に縫い目が入っているラグランスリーブは、肩幅が広く見えてしまうので、スッキリ着たい方にはＮＧ。逆に、華奢な方には向いています。

ビビッドカラーの
フレアスカートに
ウエストマークで素敵コーデ

coat：HYKE
tops：無印良品
bottoms：ZARA
bag：ZARA
shoes：PIPPICHIC

ボーダー＆デニムで
失敗のない
王道トレンチスタイル

coat：HYKE
tops：TOMORROWLAND
bottoms：ZARA
bag：KONTESSA
shoes：CORSO ROMA 9
scarf：GU

大人の余裕を
感じさせる
ドットのパンツ

coat：HYKE
tops：UNIQLO
bottoms：BLISS POINT
bag：ZARA
shoes：La TENACE

JACKET

ジレはもう、定番アイテム

jacket：PLST

「ジレ、今年も着るのはありなのかな……？」

迷う方も多いのではないでしょうか。一時的に注目度が高まったアイテムはとくに、こういう悩みが生まれがちです。

結論から言うと、ジレは流行に関係なく、とりいれていいアイテムです。

ジレはIラインでスッキリとした印象を与え、体形の気になる部分をカバーしてくれるところが、なんとも魅力的。味方につけると、スタイルアップに一役買ってくれること間違いなしです。

ただ、1つ注意したいのは、体形を隠そうという気持ちで着ないこと。

さっき気になる部分をカバーしてくれると言ったのに、という声が聞こえてきそうですが、カバーしてくれるというのはあくまで結果です。最初からカバーしてくれるからいいや……という気持ちで着てしまうと、だらしない感じになりかねません。

「ジレを着て、さらにスタイルアップ！」、それくらいの気持ちで着れば、よりいっそう、素敵な装いになりますよ。

JACKET

女性受けを狙うなら、ミリタリージャケット

jacket：Spick & Span
bottoms：GU
shoes：Church's

女友達と会うときのコーディネートは、ちょっと気合いが入りますよね。ミリタリージャケットは、「ちょうどいいこなれ感」を演出するのにもってこいのアイテムです。

ニット＋タイトスカートのようなきれいめスタイルは、まとまりはありますが、イマイチおしゃれ感には欠けるもの。そこでさらりとミリタリージャケットを羽織ってみると、一瞬で印象がチェンジ。おしゃれ感がにじみ出ます。

とくに、コンサバ寄りのスタイルを好む方にこそ、ワードローブに加えてほしい一着です。

男性らしさのあるアイテムなので、着方には少し気をつけたいですね。女性らしい部位をどこかチラリと見せる、これが大事です。そうしないと、ごつい印象にもなりかねません。

真夏以外は着られるので、そこも便利なところです。

リラックスした
ロングワンピースは
リゾートコーデにも

jacket：Spick & Span
tops：UNIQLO
dress：ZARA
bag：A.
shoes：Daniella & GEMMA

タイトスカート×
スニーカーで
アクティブな着こなしに

jacket：Spick & Span
tops：UNIQLO
bottoms：Whim Gazette
bag：Ron Herman
shoes：adidas
necklace：Banana Republic

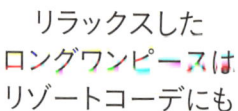

ヴィンテージの
スウェットを入れて
いつもとちょっと違うイメージに

jacket：Spick & Span
tops：―（vintage）
bottoms：GU
bag：ZARA
shoes：CONVERSE

JACKET

テーラードジャケットは、買うときにこだわる

jacket：UNIVERSAL LANGUAGE
tops：Whim Gazette
bottoms：ZARA
bag：Ron Herman
shoes：CORSO ROMA 9
belt：GU

jacket：Deuxieme Classe
tops：UNIQLO
overall：GU
bag：ZARA
shoes：Shinzone

「買ったはいいけれど、普段はあまり着る機会がないかも……」

そうなりがちなテーラードジャケットを、日常的に、さらりと着られたら素敵ですよね。

購入するときに何を選ぶかで、着回しのしやすさが決まるといっても過言ではないのが、このアイテムです。

おすすめの色は、ブラック、ネイビー、グレーなどの王道ベーシックカラー。ごく普通のテーラードカラーやノーカラーだと、流行に関係なく着られます。

カッチリしすぎたものは、カジュアルスタイルに合わせると浮いてしまうので、適度にラフな感じのジャケットを選びましょう。

・肩のパッドは薄めのタイプ
・ボタンはカジュアル寄りなもの
・ボタンなしで羽織るタイプか、ボタンはついているけれど、留めなくてもきれいに着られるもの

具体的には、このようなところを判断基準にするといいかなと思います。

AACCESSORIES

レザーバッグは、
ベーシックカラーを押さえる

bag（brown）：ZARA
bag（black）：Hashibami

流行はいち早くバッグからとりいれる、という方も多いかもしれません。ただ、かっちりしたレザーバッグは、流行とは関係なく、ベーシックカラーのものをいくつか持っておきたいところです。

荷物がたっぷり入る大きさのものと、コンパクトなものがあると、いつも同じ印象にならずにすみます。

お客様から「合皮のものも含めると、プチプラからブランドものまでいろいろありますが、どういったものがおすすめですか?」と聞かれたときは、用途によって検討してみるのがいいと思う、とお答えしてます。

たとえば仕事で重い書類を入れる場合、ブランドバッグだと形崩れが気になってしまうかもしれません。ZARAは大きめバッグが充実しているので、そういったところで対応するのも、賢い選択ではないでしょうか。

また私は、**レザーバッグを買おうと思ったら、セレクトショップをチェックしてみることが多いです**。定番で長く使いたいものだからこそ、人とかぶりにくいものを選びたいなと思うからです。

デイリートートは、少し小さめサイズで

bag：L.L.Bean

普段使いに使いやすいのが、少し小さめのトートバッグです。なかでも帆布素材やナイロン素材だと丈夫なので、気兼ねなく使えますよね。

サイズが大きめだと、ごつい印象になりやすいですし、意外と重さのある素材なので、小さめサイズが持ちやすいです。

帆布素材はかなりカジュアルな印象なので、気をつけたいのが色使い。単色のものが、きれいにまとまっておすすめです。

無地なら持ち手にバンダナを結んでみたりしても、個性を出せそうで

bag : Hervé Chapelier

すね。

ほかにもイニシャルを入れたり、ワンポイントを入れたり、お子さんがいらっしゃる方は親子でお揃いにしたりしても、ほほえましいなと思います。

柄物を選ぶときも、やはりサイズ感は小さめがベスト。コーディネートの邪魔をせず、ときには外しアイテムとしても大活躍してくれます。

トートバッグは底が正方形に近い形のものが多いので、見ためより物が入るところも嬉しいですね。

ACCESSORIES

小さめバッグを使いこなせたら、上級者

bag（yellow）：Banana Republic
bag（colorful）：ZARA
bag（black）：A.

小さめバッグって実用的？　そう聞かれると、返答が難しいところなのですが、ないならないで困ってしまう、そんなアイテムです。

たとえばパーティーやお祝いの席で、毎回同じドレスを着ている場合、主役級の小さいバッグを持つことで、服もアクセサリーも買い足さずとも、華やかさを手に入れられます。

またクラッチバックは、マチがないタイプでも、小さめノートが収まるくらいの大きさがあると、意外と入るものです。それと、出し入れ口が広いものがいいですね。

チェーンの有無は、それぞれの好みに応じて選んでいいと思います。

トレンドカラーなども、小さめバッグでとりいれてみてはいかがでしょうか。

ACCESSORIES

リュックでも、大人のおしゃれは楽しめる

リュックをとりいれると、もっさりした印象になってしまうと思われがちですが、うまく使えば、外しアイテムとして、とても優秀です。荷物もたっぷり入って便利ですし、持たず嫌いをするのはとてももったいないです・

旅行やアウトドアのシーンで使うことが多いですが、実はタウン使いにも向いています。

・カジュアルなアウター＋リュック＋パンプス
・ジャケットスタイル＋リュック＋スニーカー

など、いくつかのテイストをmixしたスタイルに楽しむのにもってこいなのがリュックなのです。

使いやすいカラーは、断然ブラック。アウトドアメーカーのものでも浮いてしまうことなく、とりいれやすいです。写真でせおっているのも、アウトドアメーカーのものです。

さらにきれいめにまとめたいときは、キャンバス素材やナイロン素材ではなく、レザーのものを選ぶと、大人のリュックスタイルの完成です。

ナイロン素材などのカジュアルタイプのリュックを選ぶときは、ショルダーベルトが厚くないものを選ぶと、普段使いにも馴染みやすいですよ。

bag：patagonia

パールピアスなら、失敗しない

earrings：A.

パールピアスは、どんなシーンにも対応できる、困ったときの救世主です。

きちんとした場には本物を、普段使い用なら管理しやすいイミテーションでも十分なのでは、と思います。

あえてカジュアルスタイルのときに使ってみても、パールの持つ品の良さが受け止めてくれます。デニムスタイルなど、頑張らない格好の日にぜひつけたいアイテムです。

TPOを考えて、落ち着いたファッションをしたいときでも、パールが失敗なく決まるのは、言うまでもありません。

私も、保護者としてきちんとしたいときには、パールのピアスをつけることが多いです。派手にならず華やさがあるので、とても心強いアイテムです。

ACCESSORIES

1つは持っておきたい、中折れハット

hat（gray）：Janessa Leone
hat（navy blue）：Saravah

何か1つだけ帽子をおすすめするとしたら、断然、中折れハットです。たくさんのお客様を見てきましたが、とにかく被る人を選びません。頭のハチやお顔立ちによって、似合うつばの広さなどは違っても、似合わない方は見たことがないのです。

なんだかぼんやりした印象の装いの方が、中折れハットをとりいれただけで一気にあかぬけた、なんてこともよくあります。

おすすめの選び方と、被り方はこちら。

・丸顔、面長の人は、被りが浅めのもの。四角顔、ベース顔の人は、つばが広いもの
・丸顔の人は、少しの面積でもおでこを見せて被る。面長、四角顔、ベース顔の人は斜めに被る

今まで「帽子は似合わないから……」と諦めていた方も、**絶対似合うものってあるんだ！　という気持ちで、いろいろと試着してみてくださいね。**

また、春夏素材で1点、秋冬素材で1点持っておくと、心強いです。春夏の素材だとホワイトかブラック、秋冬の素材だとグレーやネイビーが使いやすいです。

ACCESSORIES

ベルトは、ほんの少し遊び心のあるものを

belt（front left）：B-Low The Belt
belt（front right）：Plage
belt（back）：GU

服がシンプルだと、小物で遊びたくなるもの。いつも同じスタイルにならないために、少しデザイン性のあるベルトを持ってみましょう。

過度にデザイン性があっても使いにくいので、そこまで主張しすぎず、ほんの少し遊び心があるものでＯＫです。

デザイン性があるものを選ぶときは、カラーはベーシックなものがとりいれやすいですね。

ベルトはなくても困らないものですが、とりいれることで、コーディネートにメリハリがつくことも多々あります。ただ、靴やバッグにポイントがあるときは、ベルトなしでまとめてもいいと思います。

また、ベルトはトレンドスタイルの表現としても使えます。洋服でトレンドものを次々と買い足すのではなく、ベルトのような小物を上手にとりいれてみるのも、堅実でしょう。

靴下コーデも、
選択肢にとりいれてみる

socks（left）：UNIQLO
socks（right）：靴下屋

靴下コーデはここ最近、市民権を得ているようですが、少し前まで、大人向けのおしゃれではない、という認識だった方も多いのでは？　私もそう思っていたんです。

でも最近は、もっと柔軟におしゃれの幅を広げるためにも、引き出しにプラスしておくといいかもしれないな、と思うようになりました。

靴下コーデを頻繁にしない方は、無地とライン入りの2種類を持っておけばまずOK。

スカートに靴下は、ちょっと個性的になりがちなので、最初にトライしたいのはパンツと合わせるコーデです。

・フルレングスのパンツには無地

・ロールアップした状態など、少し丈が短めのものにはライン入り

この組み合わせだと、失敗なくまとまることが多いです。

ロールアップしたデニムなどに合わせるときは、靴下とパンツの裾が繋がらないように気をつけましょう。2㎝前後あけてあげると、バランスがいいですよ。

SHOES

スニーカーは、やっぱり白が使いやすい

shoes : CONVERSE

コンバースのような、オーソドックスなキャンバスのハイカットスニーカーは、必ず持っておきたいスニーカーです。

ここまでシンプルだと、コーディネートの邪魔をしないのはもちろん、コンバースだからこそおしゃれに見える、そんなスタイルも叶うのが素晴らしいところ。

また、ワンピースやロングスカートとの相性もばつぐんです。

コンバースのハイカットは、靴ひもをどうするかで見え方も変わってきます。私はラフめに履きたいので、一番

shoes：adidas

上のホールはあけて履くことにしています。

同じ白いスニーカーでも、レザーのものだと、きちんと感が出ます。ジャケットスタイルに裸足でこんな靴を合わせても、こなれた感じで素敵です。

ローカットのスニーカーは、あまり幅にボリュームが出ないものだと、いろいろなスタイルにハマりやすいです。

ただ、とにかくカジュアルにまとめたい場合は、スニーカー自体にボリュームのあるニューバランスのようなスニーカーもいいかもしれません。

バレエシューズは、ラウンドトゥよりポインテッド

shoes：GU

今まで「バレエシューズは、ちょっと可愛すぎて……」という方におすすめしたいのが、ポインテッド（先がとがり気味のもの）のバレエシューズです。

可愛らしくまとめたいとき、甘さのさじ加減を間違えるとまずいと思うのですが、このアイテムは、そのあたりが絶妙。

ポインテッドのバレエシューズは、プチプラでも十分なものが手に入るので、まずはそこから試してみるのも手です。

ビビッドカラーのものをポイントにするのもいいですが、**初心者にはメタリックカラーもおすすめ**です。肌に馴染みやすいけれど、地味にならず、とりいれやすいですよ。

馴染みやすいカラーでのバレエシューズは履きこなせるようになってきたら、今度は赤などの主役級カラーに挑戦してみても。がらりと雰囲気を変えることができますよ。

パンプスを普段使いするなら、スエード素材

shoes：FABIO RUSCONI

パンプスは、表革だと地味な感じ、パテントだとちょっと攻めている感じがあります。一方スエードは、ときに女性らしく、ときに格好よく見える、変幻自在アイテムです。

スエードパンプスは汚れやすそうという声もありますが、おろす前に、汚れや防水対策のスプレーをし、帰ってきたら毎回スエード用ブラシで軽くブラッシングするだけで、汚れも気になりにくくなりますよ。

また、普段使いのパンプスはプチプラで、と決めている方も多いのではないでしょうか。そんな方にもおすすめなのが、スエードパンプスです。表革だと、どうしても安さゆえのアラが見え隠れしてしまうものですが、スエードは高見えしやすいのも、嬉しいポイントですね。

落ち着いたカラーとポイントになるカラー、2足あると無敵です。

SHOES

抜け感がかんたんに出せる、フラットサンダル

shoes（white）：BIRKENSTOCK
shoes（black）：Trove Tkees

ワンピーススタイルなど、きれいめにまとめたときこそ、足元を外したくなるものです。そんなときに頼れるのが、フラットサンダル。かんたんに抜け感を出してくれます。

フラットサンダルは、なかでもレザー風の素材を使ったものを持っておくと便利です。カジュアルさも和らぐので、どんなスタイルでもチャレンジしやすいですよ。ビーチサンダル型も、素材によって、印象はだいぶ変わります。夏のゆるっとした装いに合わせると、こなれたカジュアルに。

フラットサンダルを履くときに気をつけたいのは、アイテムのどこか1つは、かっちりさせることです。

難しく考えることはなく、アクセサリーをつけたり、シャツを着たり、バッグでかっちりめのものを持ったり、という感じで大丈夫です。

SHOES

ショートブーツは、使えるブラック

shoes：Church's

ロングブーツより、履ける季節が長いショートブーツ。1足持っていると助かります。

なかでもブラックのショートブーツは、幅広いスタイルにハマりやすくおすすめです。

とくに、ヒールのない、ごつっとしたタイプをスカートやワンピースに合わせてみると、ギャップから媚びない女性らしさが手に入ります。

ヒールありの華奢なものには、カジュアルな服を。ヒールなしのカジュアルなものには、揺れる素材の服を。こんなふうに合わせてみると、バランスがとりやすいです。

ただ、ごつめのブーツは一般的に、男性受けはしにくいもの。それが気にならないシーンでチャレンジすると、いいかもしれません。

COLUMN

私の10年選手

10年選手として、何を紹介しよう？　と考えてみると、お気に入りのアイテムは10年以上選手もポツポツとあることに気がつきました。

10年残るものって、金額は関係なく、思い入れの強いものなのかもしれません。

高かったものは「10年後もきっと着られるし……！」と、自分のなかで言い訳しつつ、清水買いしたものです。その通り、こうして10年以上きちんと保存できているって、不思議だし嬉しい。

また、あまり流行に左右されないものがほとんどでした。

たとえば、インポートもののダッフルコート。妊娠中の冷え対策で膝下のダッフルコートがほしくて、やっと見つけたものでした。理想のものがなかなか見つからず、出合ったときにはコレだー！　と思った記憶があります。

インポートの老舗メーカーのものは、ガンガン使っても大丈夫なので、10年選手になったのかもしれません。

ヴィンテージもののブラウスなども、とくにブランドものではありませんが、とても大事にしている一着です。これも、もともと長いこと探しているデザインがあって、ある日、理想そのものに出合えたのでした。

こうして考えると、そのときのテンションで買ったものより、細かく「こういうのがほしいな」という理想を描きながら探し歩いて出合ったアイテムは、長く残っているのかもしれません。

10年同じものと付き合うと、思い出も積み重なっていきます。たくさんの記憶と一緒に歩むのも、なんだか素敵だなぁ、なんて思うのです。

次はどんなアイテムが10年選手になるのかな、とわくわくしながら、いろいろ計画してみるとします。

COLUMN

ヴィンテージショップでコーデ力トレーニング

今でこそ「ヴィンテージショップ」などとおしゃれな響きで呼んでいますが、中・高校生のころによく行ったのは、ヴィンテージショップというより、古着屋さんでした。

お金がない、けどバリエーションは増やしたい。そんな気持ちを古着屋さんが満たしてくれたものです。そして枠にとらわれないおしゃれを楽しめた原点もここです。

今も定期的にヴィンテージショップを覗くのですが、えっ、それどうやって着るの!? っていうアイテムも、けっこうあるんですよね。同じ服が1枚もなく、見本がないからこそ、発想力が試されます。

この、ヴィンテージショップで試される瞬発力は、コーデ力を鍛えるトレーニングになりますよ。

CHAPTER 2

賢く買って、あかぬける

ハズレがなくなる、
お買い物の基本

このブラウスを買おうか迷ったら……

3パターン
別系統のコーデを
組めるか想像!!

きれいめコーデ

＋

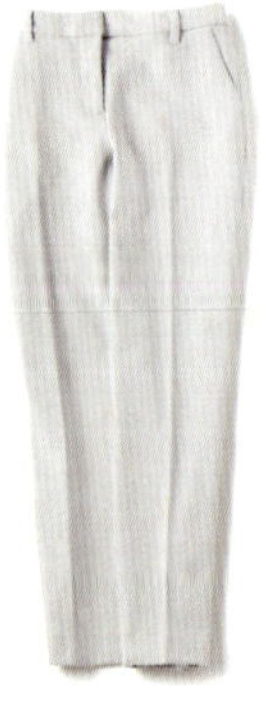

＋

オフィスにも対応

たとえば、
ロングスカートが
流行していたら

トレンド意識コーデ

＋

＋

休日、友人と
会うイメージ

カジュアルコーデ

＋

＋

いろいろと買ってはいるのに、うまく着回せていない。そんなお客様は、とても多いです。

よくよく伺ってみると、**「この服、素敵！」だけで買ってしまっているから、失敗している例**がたくさん見受けられます。

どれだけそのアイテムを着回せるかは、購入する前にしっかり検討したか、にかかっています。

私がお客様におすすめしている方法は、「そのアイテムを使って、3パターン、別系統のコーディネートを組めるか、想像してみる」というやり方です。

たとえば①きれいめコーデ、②カジュアルコーデ、③トレンド意識コーデ、こんな感じに、アレンジしてみます。

ここでパッと3パターン思い浮かんだら、確実に着回ししやすいアイテムだと判断できます。

とはいえ実際、すぐには思いつかない方も多いですよね。まずは2パターンからでもいいかな、と思います。

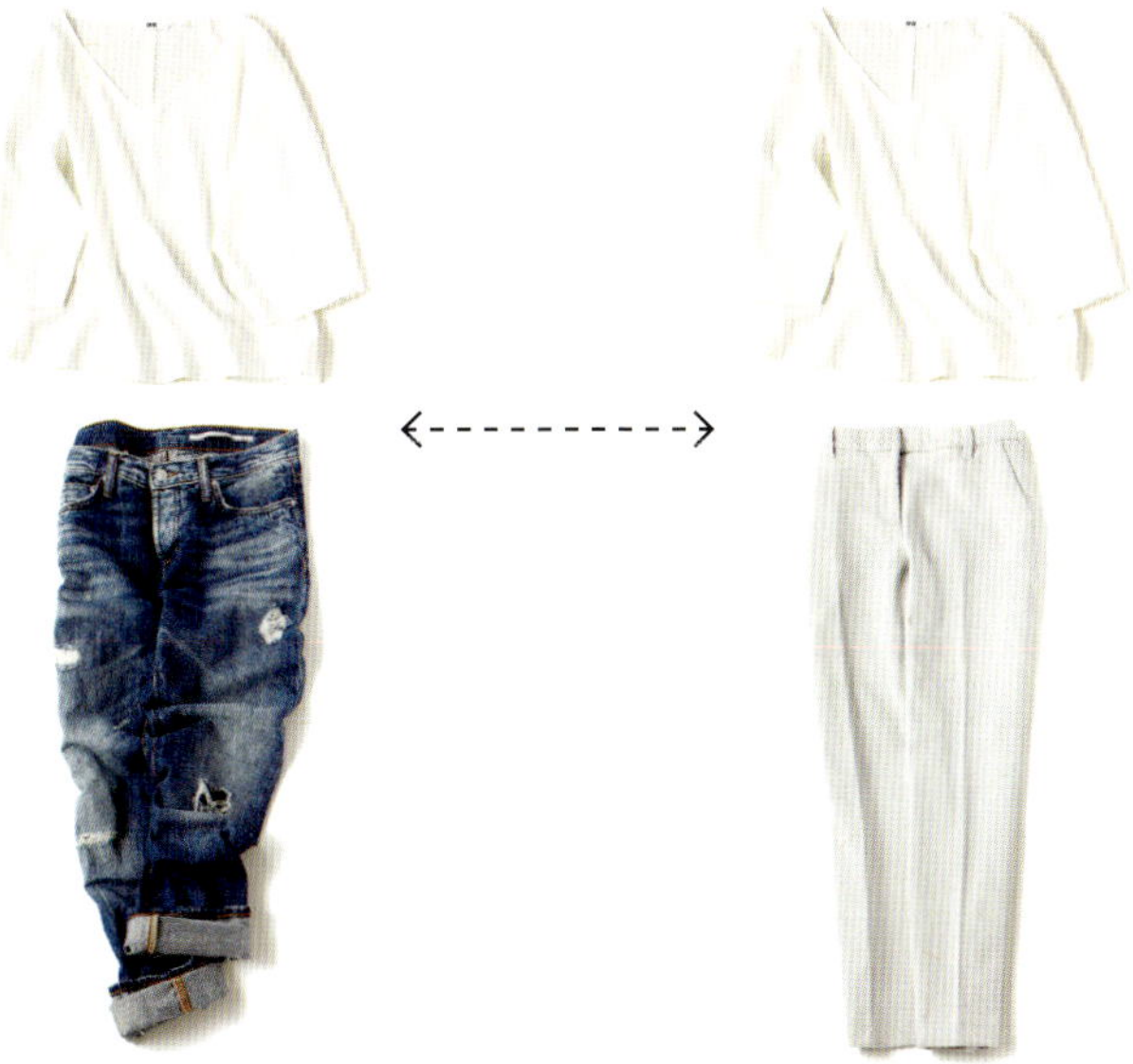

その際は、両極端の雰囲気のあるアイテムを合わせてみましょう。

主にスカートをはく派の方は、タイトスカートとフレアスカートの2種類でコーディネートを組んでみる。

パンツ派の方は、センタープレスのパンツとダメージデニムの2種類でコーディネートを組んでみる。これなら、かんたんですよね。

お客様からは、この方法でイメージが湧きやすくなった、無駄なお買い物が減ったなど、悩みが解消したという嬉しい声が多数届いています。あなたもぜひ、とりいれてみてくださいね。

「着たい服」と「似合う服」で自分のおしゃれ軸を作る

旅行に行きたいな～！　こう思ったとき、ぼんやりしているだけでは、なかなか実現しませんよね。**〇〇へ行こう！　とはっきり決めてしまったら、サクサク予定が進むものです**。

ファッションも同じで、まずは自分はどんなアイテム、ファッションが好きなのか？　どんな自分になりたいか？　と考え、理想の着地点を決めることで、なりたいスタイルに近づき、ぶれない自分を手に入れることができます。その結果、さまざまな情報に踊らされることがなくなり、お買い物の失敗も減るのです。

最近はSNSの普及により、誰かが着ていていいなと思ったものを、つぎつぎ真似してはとりいれるということがかんたんにできてしまいます。**そうやって真似をしていれば、なんとなくそれなりにはなれるのですが、一向に自分らしさを手に入れることはできません**。自分らしさとは何なのかを、見失ってしまうのです。

この本を読んでくださっているあなたは、ぜひ左ページの図を参考に、自分が好きなテイスト、目指したいテイストをいくつか選んでみてください。

そして次に、身近な友人や家族にも、あなたが似合いそうなテイストを選んでも

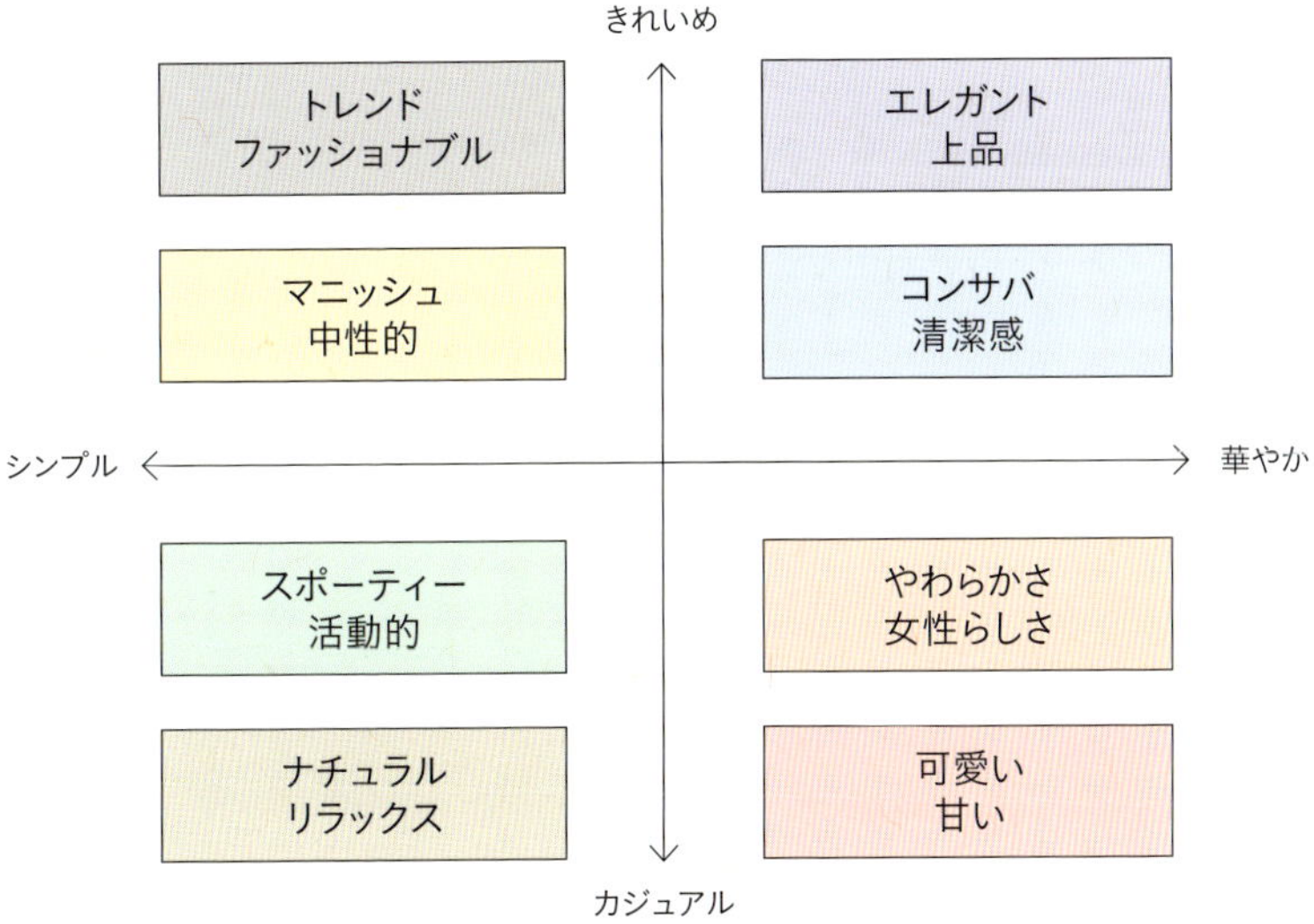

らってみてください。

ここで選ばれたテイストが、自分が選んだテイストとあまりにも違う場合（図で対極の位置にあるなど）、そのズレは少し、すり合わせてみると、しっくりくる場合が多いです。

ただこのとき、自分の好きなものは尊重してほしいなと思います。無理にそこを変えるのではなく、人から似合うと思われているテイストを上手にとりこむ努力をして、差を埋めてみてください。

さあ、なりたい自分像は、見えてきましたか？

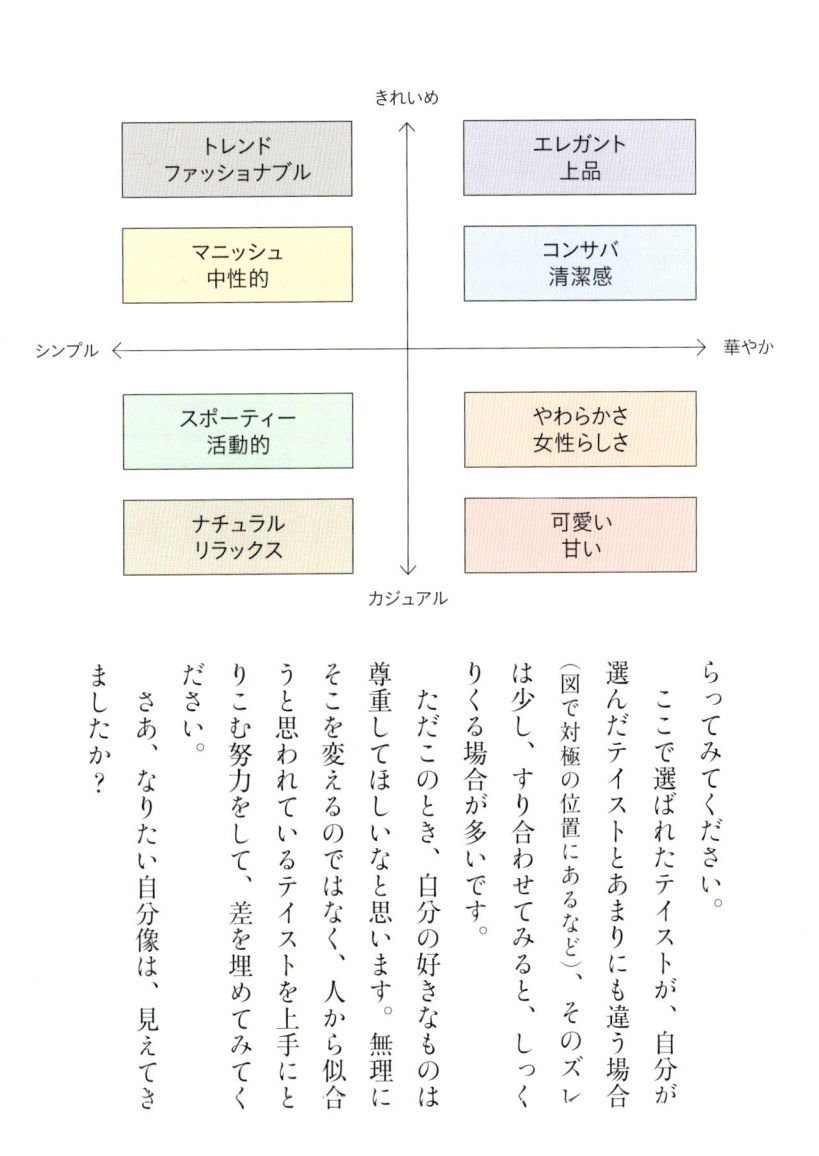

NGをまず書き出す

「好きだから」、より「流行しているから」という理由でなんとなく購入してしまうことって、けっこうあるのでは？　トレンドに流されやすい方は、まず自分なりに、NGのものを書き出してみるのが有効です。

もちろん、トレンドのものが自分の好みのものなら問題ありません。ただ、そうでないことも、よくありますよね。

この機会に、これには手を出さない、あれは好きではない、ということをじっくり考えて、ルール化してみましょう。そうすることで、なんとなく買いが激減します。

NGリストと同時に、好みのリストも書いてみると、楽しい気分でとりくむことができます。

女性はとくに、結婚、出産、育児など、人生のステージが変わることで、着る服も変わったりするもの。都度、見直してみるといいでしょう。

次のページに例を書いてみましたが、実際には、自分がわかりやすい表現で書いていただいてOKです。

NGリスト

・チュールのスカート
・ナチュラルすぎる服
・膝上フレアスカート
・開きすぎるオフショルダー
・子どもっぽいレース

好みリスト

・シンプル
・ストライプ
・デニム
・ほどよいトレンド
・モノトーン

アイテムごとに、買うべき時期がある

半袖の服を探しに行ったら、店頭には長袖ばかりで、半袖はどこにも見当たらなかった……。こんなことはありませんか？

アイテムを実際に使う時期と販売時期には、ズレがあるんですよね。

とくに季節のメインとなるアイテム、たとえばコートなどは、販売時期は早いうえ、動きも早いものです。また、メインアイテムゆえに、価格も高いもの！　なるべく吟味する時間をとって、納得できるお買い物をしたいですよね。

ぜひ、左の表を参考に、早め早めに動いてみてください。年によって多少前後しますが、大幅には変わらないはずです。

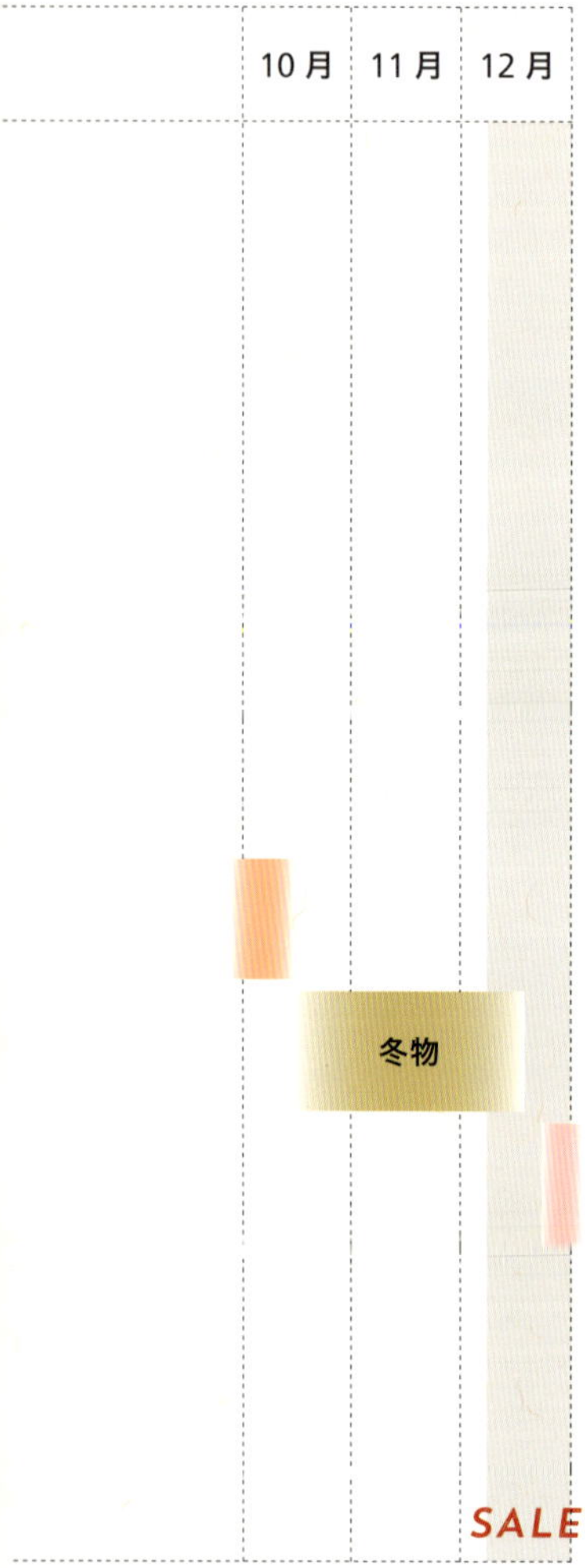

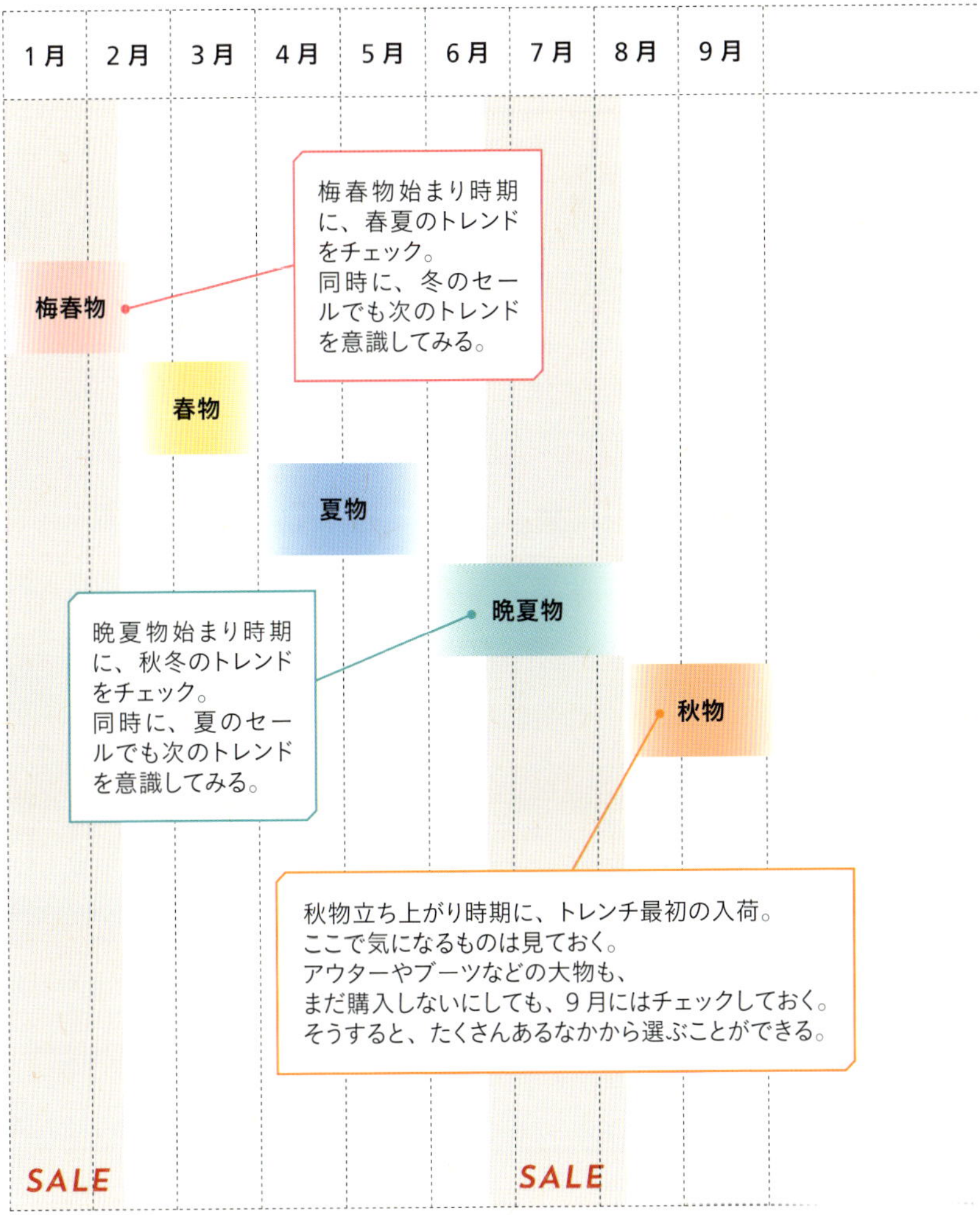
1月
2月
3月
4月
5月
6月
7月
8月
9月
梅春物
春物
夏物
晩夏物
秋物
梅春物始まり時期に、春夏のトレンドをチェック。
同時に、冬のセールでも次のトレンドを意識してみる。
晩夏物始まり時期に、秋冬のトレンドをチェック。
同時に、夏のセールでも次のトレンドを意識してみる。
秋物立ち上がり時期に、トレンチ最初の入荷。
ここで気になるものは見ておく。
アウターやブーツなどの大物も、
まだ購入しないにしても、9月にはチェックしておく。
そうすると、たくさんあるなかから選ぶことができる。
SALE
SALE

元販売員だからこそわかる、試着のコツ

せっかく試着したのに、家に帰って眺めてみたら、微妙な気がしてきた……。こんなことにならないために、どこをしっかりチェックすべきか、知っておきたいですよね。

〈要チェックポイント〉

・シャツ
後ろに襟抜きで着たいときは、前見頃の着丈が短くないか
腕まくりして着たいものは、実際にまくってみて、ずるずる落ちてこないか
・カットソー、ニット
下着のラインは出ていないか
肩のラインが内側に入っていないか
・スカート
ウエストベルトが回ってしまわないか
足が細く見える着丈か

・パンツ
一度軽くしゃがんでみて、違和感がないか（ストレッチの有無に関係なく、やってみる）
合わせたい靴に合う着丈か（できれば合わせたい靴を履いていく）
・靴
店内を少し歩いてみて、カパカパしないか
靴下、ストッキング、タイツなど、何をはくかによってだいぶ変わってくるので、購入後、主に合わせたいものをはいていく

また、洋服はいつものマイサイズに縛られずに、なるべく2サイズ着てみてください。**いつもとは違うサイズのほうが、好みのシルエットだった、なんてことも多いのです**。

試着が苦手、店員さんが苦手な方は、フィッティングルーム内で1人で完結してしまいがちなのですが、そこは少し、勇気を出してみて。少し離れたミラーで、全身を確認してみるのが大切です。同時に、後ろ姿も見ておきましょう。

そして、少しでも疑問や不安に思うところがあったら、店員さんに声をかけてみるのが有効です。

「どうでしょうか」だけだと、店員さんにもよりますが、「お似合いですよ～」で終わってしまうことも。

自分のなかで気になるポイントや、この服に求めているポイントなどを具体的に伝えるよう、心がけてみてください。たとえば「この裾は、このくらいまくり上げて着るのが良いのでしょうか？」といったように。きっと、納得のいくアドバイスが得られるはずです。

また、店員さんとセンスが合うかどうかも、重要ですよね。相性ぴったりの店員さんとの出会いは、お買い物の失敗を格段に減らしてくれます。

私もじっくり選びたいなというときは、相性チェックも兼ねて、店員さんといろいろとコミュニケーションをとってみます。

普段の自分のファッションテイストや、好きな色を伝え、あとは「あなたが着るとしたら、この服をどれと合わせますか？」といった聞き方をすることも多い気がします。

試着だけはしにくくて……という方も多いようですが、店員さんは、さほど気にしていないんじゃないかな、と思います。私自身が店頭に立っていたころも、試着だけして帰られるお客様はたくさんいらっしゃいましたよ。

……と、ここまでいろいろと試着のポイントを書いてみましたが、なんとなく試着室に入らないことが、実は大事です。なんとなく試着は、そんなにほしくなかったのに買ってしまった！　に繋がりやすいからです。

ヘアサロンで、トレンドリサーチ

髪の長さや状況によって違いますが、女性がヘアサロンに行く頻度は、平均的には2～3カ月に1回くらいでしょうか。

ヘアサロンでの時間は、雑誌を通してトレンドを知る、いい機会です。とくに働いている方、子育て中の方などは、雑誌をゆっくり読む時間ってそうとれないですよね。ぜひ、この時間を有効活用したいところです。

ヘアサロンだけに限らず、時間がないときのファッション誌の読み方は、細かい文章はひとまずスルーすることがポイント。写真のページのみ、ザーッと流して見ていきます。そうすることで、注目のカラーがキャッチしやすくなります。

また、いつも読む雑誌以外も開いてみることで、新たなおしゃれのヒントを得たり、マンネリ化しがちなコーディネートに変化をつけることができたりするかもしれません。

それから、注目すべきは、あなたの前に置かれた雑誌です。ヘアサロンではたいてい、席に座ったらすぐ、雑誌が置かれますよね。

それらは、アシスタントさんがあなたの雰囲気を一瞬で判断し、ピックアップして持ってきてくれているわけです。

まったくの他人から合うテイストを即判断される、そんな機会はなかなかないので、貴重ですよね。

また、美容師さんはトレンドに敏感な方が多いので、会話のなかから最新の情報がキャッチできることも。会話が苦にならない方は、ぜひ楽しくコミュニケーションをとってみてくださいね。

プチプラを買う基準

「プチプラを買っても、あとから安っぽすぎることに気づいたり、すぐ壊れてしまったりで、失敗ばかり。どうしたらプチプラの商品を上手に選べるようになりますか？」

この質問は、本当によく聞かれます。

近ごろは、なんでもプチプラで購入できて、とてもありがたい！便利な世の中ですよね。でも**「プチプラだから」という理由で買うのは、絶対ＮＧ！**です。

買いやすい価格だと、どうしても１つの商品を買うのにハードルが低くなってしまいがちですが、それはプチプラの落とし穴。

プチプラの商品を手にとったら、まず「このデザイン、この商品は価格に関係なくほしいかな？」と、必ず自分に問いかけてみてください。

加えて、好きだけれど頻繁には購入できないような価格帯の、憧れのショップを思い浮かべてみます。そして「このデザインのものが、あのお店に置いてあってもほしいかな？」という観点からも、検討してみるのです。

この２ステップを踏むことで、プチプラ購入の失敗は、グンと減るはずです。

ベーシックなものからトレンドものまで、いろいろと購入できるプチプラショップ。だからこそ、賢くとりいれて、おしゃれの幅を広げていきたいですね。

それと、用途によっては、積極的にプチプラをとりいれていっていいと思います。たとえば、子どもやペットと、外で思いきり遊ぶときの服は、汚れを気にせずにすむようなプチプラがぴったり。

汚されてもイラッとせずにいられるのは、プチプラの最大のメリットかもしれませんね。

プチプラ、だけど高見えしやすいもの

プチプラをプチプラに見えないように着たい。これはきっと、誰もが願うことですよね。

私も、せっかく購入したものが安っぽく見えてしまったら、プチプラであっても、ガッカリしてしまいます。

高見えするものはこれ！と、はっきりお伝えするのは難しいのですが、見分けるポイントはいくつかあります。

〈高く見えやすいもの〉

・ハイゲージニット（素材はウールか、綿）

目の詰まったしっかりしたニットがとくに◎。

・とろみ素材のもの（レーヨン混など）

落ち感が、高見え効果大。

・ブラック、ネイビーなど濃いめの色のもの

素材のアラが出にくい。

・スカーフやバッグなどの小物類
選ぶものにより多少左右されるものの、失敗が少なめ。

〈失敗しがちなもの〉
・毛足の長いニット
とくにアクリルは危険度高め！
・レース、フリルなど
縫製や素材のアラが目立ちやすい。
・サイズが合っていないもの
プチプラだからとサイズ選びを妥協してしまうと、一気に安見え……。

選ぶ段階でプチプラに見えないものを選ぶよう気をつけていると、着こなしの段階でプチプラに見えるかも……と不安になることが少なくなりますよ。

tops：UNIQLO
scarf：GU

おすすめプチプラショップ

プチプラショップは、お店によってチェックするものも違います。よく行くプチプラショップと、主にチェックしているアイテムをまとめてみました。

［ZARA］
シーズン立ち上がりにます、オンラインショップで全商品、目を通すようにしています。
トレンドに強く、1着とりいれるだけでおしゃれにまとまるアイテムが多い印象です。
よくチェックするのはプリント物や刺繍物。ちょっと変わったデザインが手に入ります。高見えしやすいバッグや靴、小物類も多いです。

［UNIQLO］
ベーシックなアイテムの底上げとして使っています。シンプルなニットやパンツなど、コーディネートのベースになるものは色違いで

持っておきたいですよね。そんなときに使えるのがＵＮＩＱＬＯです。メンズのトップスも、ニットなどはとりいれやすいので、チェックします。

［ＧＵ］

トレンド寄りの服や小物をチェックするのがＧＵです。ものによっては素材が弱いのですが、買いやすい価格なので、無駄買いしないように気をつけて利用しています。アイテムの丈夫さが気になる方は、ＧＵではこの素材は買ってもいい、この素材は買わないと決めてから行ったほうが良さそうです。

［ＣＯＳ］

Ｈ＆Ｍの姉妹ブランドのＣＯＳ。シンプルななかにデザイン性も感じられるアイテムが多く、とても好きです。まだ店舗が少ないのが残念なところ。

アイテムによって価格の差があり、プチプラの域を超えることも。

北欧独特のカラーがきれいです。

商品の回転は速くなさそうなので、たまに覗く感じでも十分楽しめます。

［GAP］

頻繁には行かないものの、チノパンやカーゴパンツなど、アメリカンなベーシックアイテムを探すときには必ずGAPを覗きます。

レディース以外に、ボーイズのボトムが意外と使いやすいです。子ども向けの150か160サイズは、大人の女性でもはけますよ。

［無印良品］

無印良品はボーダーTシャツが優秀。ヘタってもすぐに買い替えられる価格なのと、同じものが継続して店頭にあるのが魅力です。

シンプルなプチプラを探すなら外せない、安心できるお店です。

パンツ、デニム、カットソーメインでチェックすることが多いです。

CHAPTER 3

このテクニックで、こなれて見える

体形別・似合うアイテム

自分の身体にコンプレックスがない、という方はそういないのでは。もちろん私も、コンプレックスがたくさんあります。そして年齢とともに、気になるところも変わってくるなと実感しています。

コンプレックスはつい、隠したくなるもの。でも、隠すというより、上手にカバーできたら、よりおしゃれを楽しめると思います。

ここではいくつかよくあるお悩みをピックアップして、カバーする方法を挙げてみます。

〈身長によるお悩み〉

身長が低い方、高い方、共通して「合うパンツがない」とのお悩みが圧倒的に多いです。

・身長が低い方

痩せ型、ぽっちゃり型にかかわらず、パンツの着丈はスッキリし。くるぶしが見えるとよりスッキリ。

痩せ型はタックなしのパンツ、ぽっちゃり型はタック入りがベスト。肉感を拾わない素材を選ぶ。

・身長が高い方

痩せ型、ぽっちゃり型にかかわらず、ぴったりしたパンツはNG。痩せ型はパンツの素材は張りがあるもので、頼りない印象を避ける。バッグや靴も少しボリュームを感じさせるものを選び、バランスをとる。

ぽっちゃり型は、センタープレスでスッキリすらりとはくのが理想。身体が大きい印象を与えないように、長めのネックレスで目線を下にしたり、ピアスなどは華奢なものを選んだりする。

〈二の腕・肩まわりが気になる〉

・やわらかいタイプ

出したくないときは長袖より、五分袖か七分袖を。

細い部分を見せることで、気になる部分をカバー。
ラグランスリーブは避ける。
・がっちりタイプ
広めネックで女性らしさを。ショルダーラインが合っているかを確認。

〈下半身が太め〉
・チュニック丈は、余計たるんだ印象を与えるので避ける。
・パンツは素材選びに注意。ストレッチがきいているものより、肉感を拾わないものを。
太ももが気になる場合は、センタープレスが入ったものを選んで、スッキリと。
・膝下が気になるときのスカート選びの鉄則は、一番気になるところは出さないようにすること。
広がらない形を選ぶのも大切。脚の形が気になるときは、ロングブーツでスラッと感を出すのも手。

気になるところをスッポリ隠してしまうのは、とてももったいないこと。また、いかせるところも必ずあるはずです。

「自分の身体のどこをいかしたいかな？」

そんな視点でコンプレックスとうまく付き合っていけたら、と思います。

パンツ×スニーカーコーデの基本

パンツ×スニーカーコーデは、パンツのわたりと着丈とのバランスで、おしゃれ感が決まってきます。

写真のような細身のストレートパンツのときには、着丈はあまり長くしないほうが無難です。

長くしてしまうと、裾幅が広くないので、スニーカーに引っかかりワンクッションします。これだとずり上がってしまったように見えて、なんとも残念な感じに。

左ページのように、ぎりぎり引っかからないくらいか、足首を1〜2㎝出しても、すっきり感が出ます。

逆に太いパンツのときには、長めの着丈ではくと、きれいなワンクッションが出るので、おすすめです。

bottoms：ZARA
shoes：adidas

スカート×スニーカーコーデの基本

スカート×スニーカーコーデの大きなポイントは「出すか、隠すか」です。

大人の女性らしくまとめたいときは、あまり脚を見せないほうがいいですね。**ロングスカートやワンピースにスニーカーを合わせるのは、大人だからこそ素敵に見える着こなし**だと思います。

このとき、変に足首を見せずに靴と繋げてはくと、まとまりがいいです。

また、ミモレ丈のような中途半端な丈のスカートにはスニーカーは合わせないこと。とにかくバランスをとるのが難しく、太って見えてしまいがちだからです。

ふくらはぎは潔く出してしまったほうが、スタイルアップして見せることができますよ。

それに、ロング丈ばかりはいていると、落ち着くのですが、ついつい油断してしまうもの。私自身、たまに膝丈に合わせたスカートをはくことで、自分にカツを入れるようにしています。

bottoms：GU
shoes：CONVERSE

スニーカーコーデの外し方

jacket：UNIVERSAL LANGUAGE
tops：UNIQLO
bottoms：PLST
bag：Ron Herman
shoes：adidas

スニーカーは、きれいめコーデの外しとして使ってみるのがなにより成功の秘訣です。

これまでも、そういった着こなしはいろいろとご紹介してきましたが、なかでも個人的に素敵だなと思うのは、ジャケットを合わせたスタイルの足元にスニーカーを持ってくるコーデです。

ジャケットを普段あまり着ない場合は、ジャケットをシャツに置き換えてみると、イメージしやすいと思います。

かっちりまとめた足元だけ崩してみると、途端に大人の余裕が演出できます。コンバースのようなキャンバスのスニーカーを合わせると、少年らしさがプラスされ、レザーのスニーカーを合わせると格好いい雰囲気に仕上がります。

ジャケット以外だと、テロンとした素材のスカートと合わせるコーデもいいですね。親しみやすい上品さのある着こなしです。

おしゃれに見える配色がある

シンプルな服だけど目を引きたい、そんなときにはカラーをうまく使って、印象をチェンジできたら嬉しいですよね。

普段コーディネートを組むときにはつい、似たようなカラーでまとめがちですが、おしゃれに見える配色をあらかじめ何パターンか知っておくと、コーディネートに困らなくなります。

再現しやすいように、ベーシックカラーを中心に、なるべくワードローブにありそうなカラーを使って、いくつか配色パターンを挙げてみました。

このパターンの明るさや鮮やかさを調整してみると、バリエーションは無限大に広がります。

「自分の洋服で再現できるかな？　近い色ではどうだろう？」という視点で、参考にしてみてくださいね。

ブラック×ネイビー

ブラックもネイビーもよく手にとる色だと思います。このとき、小物を白でまとめるのがあかぬけるコツ。いきなりおしゃれでシャープな印象に。

ブラウン×イエロー

落着きがちなブラウンコーデ、たまにはこんなイエローを合わせてみても、ブラウンの持つ温かみが受けとめてくれます。

ブルー×ブラウン

色のコントラストが強いながらも、ブラウンの落ち着きがきれいにまとめてくれます。

ネイビー×グリーン

ネイビーは準フォーマル色。ビビッドカラーを合わせても知的な雰囲気に。

ボルドー×ライトブルー

ボルドーは品があるので、カジュアルな色と合わせても大人な感じに。淡い色のデニムと合わせたりしても素敵です。

ブラウン×レッド

元気になりたい日のレッドは、コントラストが強くなりすぎないように、ブラックよりブラウンで。ブラウンをベージュにしてみても。

一気にあかぬける
ポイントカラーはレッド

bag：Plage
shoes：CORSO ROMA 9
stole：ZARA

いつも同じ着こなしになりがち、なんだかパッとしない……。そんなお客様のワードローブを見せていただくと、落ち着いた色がズラリ、ということがよくあります。ときにはポイントカラーを投入することが、あかぬける鍵です。

私は一番よく使うポイントカラーは、間違いなくレッドです。他のビビッドカラーより、断然合わせやすいと感じています。

レッドをおすすめする最大の理由は、「幅広いテイストに落としこみやすい」ところです。たとえば「フレンチ風」「マリン風」「モード風」などがありますね。これも、レッドを小物で使うか、メインアイテムでとりいれるかで、グッと雰囲気が変わります。

コーディネートが締まり、一気にあかぬけるレッド。積極的にとりいれていきたいカラーです。

色白の方は、真っ赤やベリー系の赤、色黒の方はオレンジ寄りのレッドが似合います。とくに、顔の近くに赤を持ってくるときは、気をつけてみてください。

挑戦は顔から遠い位置で

いつも挑戦しない色をとりいれるときは、顔から遠い位置にもってくるのが鉄則です。

主に下半身でとりいれると、ビビッドカラーなどもかんたんに挑戦できます。その際は、上半身はいつも着慣れたベーシックカラーにしましょう。

右の写真のパンツは、オレンジ寄りのレッドでなかなか派手な色ですが、ボトムスに持ってくると、グッとおしゃれな印象に。

左の写真のスカートは、フューシャピンクという色です。華やかな色ですよね。ただ、かなり青みが強いので、顔の近くで使うのはなるべく避けたいところです。

tops（t-shirt）：UNIQLO
tops（knit）：UNIQLO
bottoms：UNIQLO
bag：ZARA
shoes：adidas

いずれのコーディネートも、小物はスッキリ、ベーシックで落ち着いたカラーにまとめるのがいいでしょう。

ボトムス以外では、小さめのバッグやパンプスなどの小物のみを挑戦カラーにするのも、センス良くまとまります。

派手めのカラーや、自分とはあまり縁のないカラーがトレンドのときにも、この方法は有効です。どんどん試して、思いきったおしゃれを楽しんでみてくださいね。

tops：UNIQLO
bottoms：IENA
bag：A.
shoes：La TENACE

季節の変わりめは色だけ次のシーズンを意識

季節の変わりめは、雑誌や店頭では次のシーズンのものがずらり。けれど実際の気温はまだそのままだったりします。この時期に、素材まで次のシーズンをとりいれるのはつらいですね。

あまり無理をせずにおしゃれを楽しむ、私はそれが大人ならではのファッションの楽しみ方かな、と思います。

素材はその時期に合ったもので、カラーで次のシーズンを意識するのが、季節の変わりめを楽しく乗りきるコツです。

たとえば8月なら、まだ残暑が厳しいので、アイテムは涼しそうなノースリーブの綿ニット、色は秋を意識してカーキにしてみる。

2月なら、まだ寒さが厳しいので、アイテムはウールのニット、色は春を意識してピンクにしてみる。こんな感じです。

小物のみ、次のシーズンにしてみるだけでも、季節の先取り感が出ます。服でとりいれるよりハードルは低めですよね。

また、季節のイメージカラーだけでなく、次のシーズンの流行色を意識的に先取りしてみるのも、季節の変わりめならではの楽しみ方です。

そういうときは、プチプラショップを活用してみるのも手。とくに次のシーズンの流行色が、普段自分に馴染みのないカラーのときは、プチプラでさくっととりいれるくらいで十分だと思います。

イタく見えない、レースとの付き合い方

jacket：Spick & Span
tops：Isabel Marant
bottoms：ZARA
shoes：CORSO ROMA 9

レースは女性ならではのディテール。難易度は高めですが、上手にとりいれて、おしゃれ度UPしたいところです。

気をつけるべきは、甘くなりすぎないように着ること。色はブラックでとりいれてみると、シャープな印象も加わり、すんなり馴染みます。

また、素材にもこだわりましょう。

ナイロンのリボンテープ（アンダーウエアにもよく使われるテープ）が切り替えでついているものなどをよく見るのですが、避けたほうが無難です。基本的にはチープに見えてしまいますし、高見えするものを見つけ出すのは、なかなか難しいのです。

逆にコットンのレースは、上品でおすすめです。どんなものを選んでも失敗しにくいので、**とくにプチプラのお店でレースアイテムを探すときには、コットンのレースしばりで探してみるといいですよ。**

メンズアイテムで際立つ女性らしさ

いろいろなブランドでジェンダーレスアイテムが出ている最近ですが、メンズアイテムを着ることで手に入れられるのが、意外にも女性らしさです。

なかでも一番使えるのが、ニット。ニットをジャストサイズで着てみると体形が出てきれいに見えますが、メンズニットを着てみると、身体のラインをあえて見せなくとも、ゆるっとしたゆとりから逆に女性らしさが際立ちます。

メンズ用のニットはすごく小柄な方でない限り、ちょうどいい大きさで着られるので、まだ手にしたことがない方には、ぜひとも挑戦していただきたいです。

また、ほどよいゆとりがあるだけでなく、ネックの開き具合や、ネックラインの端の始末の仕方も、実はメンズニットのほうがこなれて見えるんですよ。

とくにVネックは、レディースは胸元が開きすぎていることも多く、インナーを失敗すると残念なことに。メンズだと、インナーが出ない程度のあき具合なので、ちょうど良いのです。

tops : UNIQLO
bottoms : Shinzone
bag : Ron Herman

実はかんたんな、柄×柄コーデ

柄×柄で手に入るのは、都会的な大人のこなれ感。あくまでもさらりととりいれるのが理想です。

柄×柄で失敗しないためには

・モノトーンベースでコーディネートを作る
・柄を使う場所は、少し距離をとるか、柄のない余白部分を作る
・ボーダーをまじえてトライしてみる

この3つを心がけると、失敗がありません。

149ページの迷彩柄パンツのコーデは、ボーダーと連続して使っていますが、ボーダーの上下に余白があるので、うまく決まっています。

無地の部分の分量が多ければすっきりと、少なければ元気な印象を与えるので、自分の見せたい方向によって、調整してみてください。

ちなみに、私が柄×柄コーデをするときは、9割がたボーダーをとりいれている気がします。とくにモノトーンのボーダーは、他の柄の邪魔をしにくく、合わせやすさばつぐんです。

ホワイトを多く使って、
ボーダー×レオパード柄も
スッキリと

tops：無印良品
bottoms：UNIQLO
bag：ZARA
shoes：PIPPICHIC

ボーダー×迷彩柄は
ジャケットを合わせると
こなれ度 UP!

jacket：Deuxieme Classe
tops：UNIQLO
bottoms：GAP
bag：ZARA
shoes：La TENACE

バンダナ柄×ドット柄は
意外と品良くキマる
組み合わせ

tops：UNIQLO
bottoms：BLISS POINT
bag：A.
shoes：GU
scarf：GU

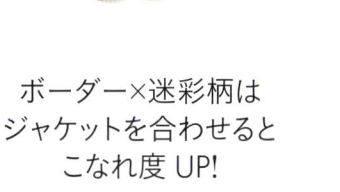

ファーは、カジュアルスタイルで着こなす

vest：—
tops：無印良品
bottoms：RED CARD
bag：A.
shoes：CORSO ROMA 9

いつものコーディネートを立体的にまとめたいとき、使いたいのがファーアイテムです。

ともすればやけにゴージャスになってしまうので、普段のコーディネートにとりいれる場合は、どこかにデニム素材を入れればOKです。

ファーのアイテムを抜かしたら、やる気がなさすぎ？　それくらいに感じるバランスで、ちょうどいい感じ。極力頑張らず、あくまでもゆるりとした感じに抑えましょう。

ここではシンプルなパンプスを合わせてみましたが、足元をスニーカーで崩してみても可愛いですよね。

またファーアイテムは、結婚式や披露宴などのパーティーシーンでも使えます。ストールなどの軽めアイテムで持っておくと役に立つので、おすすめですよ。

じっとり暑い時期は、リネン素材を活用

tops：UNIQLO

毎年梅雨の時期になるとすぐ、いちばん使う引き出しに移動させるのが、リネンシャツ。

通気性がよく、こもりがちな体温を逃がしてくれ、そのうえ吸水性・速乾性もあるという、なんとも心強い素材なのです。吸水性にいたっては、綿素材の約4倍もあるそう！

同じリネンシャツでも、きちんとアイロンをかけてパリッと着るのと、シワ感を残してざっくり着るのとでは、雰囲気がだいぶ変わります。その日の気分で使い分けてみてください。

ちなみにアイロンをかけてきれいに着たいときは、霧吹きなどで事前に水分をしっかり与えてから、アイロンをかけましょう。

また、リネンは保温性もあるので、夏の冷房対策にもぴったり。

ここまでリネン素材の有能さを知ってしまったら、とりいれない手はないですね。

グレーやカーキなどの濃い色でも涼しげですが、汗をかくと目立ってしまうので、夏真っ盛りには外しましょう。

リンクコーデのポイント

親子で同じアイテムで同じ柄を着るようなリンクコーデは　なんだか気恥ずかしく、なかなかやりません（それだけに、無意識に揃ってしまったときの恥ずかしさったら……笑）。

もしリンクコーデをするとしたら、全体のテイストを揃えし、それぞれ使うアイテムはずらす、くらいのさりげなさが好みです。

以前、ＵＮＩＱＬＯの店頭イベントで、あるご家族の全身Ｔーディネートを提案させていただいたのですが、それをここでもご紹介させてください。

・ご主人様

イエローのリネンシャツにブラウンの薄手ダウンベスト、白のハーフパンツ。

・奥様

カーキのＴシャツにブラウンのカーディガンを肩掛け、白のスカート。

・お子様（小学校1年生の女の子）

ベージュのカーディガンのなかに、ボーダータンクトップ、淡いイエローのスカート。

同じ色、同じアイテムは使っていませんが、トータルで見るとホワイト↓イエロー↓ベージュ↓ブラウン↓カーキとグラデーションになっていて、「家族としてのまとまりを感じさせるコーディネートです。

パーソナルスタイリストに依頼してみる

「パーソナルスタイリストにお願いしなくても、ショップの店員さんに見てもらえばいいんじゃない？」

そういう声もあるかと思います。

ただ、店頭でお客様を接客していた身としても、自分が買い物をする側で考えても、フラリと入ったお店で、なかなか自分の悩みにじっくり付き合ってもらい、さらにそのお店だけで解決できることは、少ないのではないでしょうか？

また、そのお店では気に入ったものを買えたとして、そのアイテムに合うものの選定、着回し術までは、なかなか知ることができません。

私がやっているパーソナルスタイリングでは、その日のお買い物はもちろん、その日以降に役立てるようなことを、たくさん伝えていきます。ここが店頭での接客とは、大きく違うところだと思っています。

実際、依頼してくださったお客様は、年齢や立場もさまざまで、お悩みもいろいろなものがありました。たとえば、

・何を買ったらいいかわからないから、選んでほしい
・自分で選ぶとつい同じ感じになってしまうから、新しい風を入れたい
・婚活コーデをしてほしい
・講師業をしているから説得力があり、信頼を得られるファッションをしたい
・経営者としてメディアに出るのでそれに合わせてスタイリングしてほしい

などと、と本当にさまざまなリクエストをいただくんですよ。

ネットショッピング、ここに気をつけて

いつでもどこでもお買い物ができるネットショッピング、本当に便利なサービスですよね。私もよく利用します。

ただ、実際の商品を手にとって見られないのって、やっぱりリスク。購入してみたはいいけれど、えー！　こんな素材だったのか……！　という失敗をしたことも、もちろんあります。

ネットショッピングは、失敗もあるという前提のもと、基本的にプチプラのものを中心に買うようにしています。

また、オンラインショップは実店舗がないところが多いので、返品可能なのかもしっかりチェック。

そして万が一返品できないときにダメージを受けないように、自分のなかでいくらまでなら失敗してもいいと、線引きをしておくと安心です。

CHAPTER 4

時間のない朝、とくに頼れる味方たち

地味に見えない、ワントーンコーデ

tops（knit）：COS
tops（t-shirt）：UNIQLO
bottoms：UNIQLO
bag：Plage
shoes：FABIO RUSCONI
stole：Faliero Sarti

シンプルでさりげないおしゃれを極めた、ワントーンコーデ。

自分でトライしてはみたものの、なんだかおしゃれに見えなかったり、地味にまとまってしまった気がしたり、という方も多いようです。

同系色でまとめるとなると、どうしてもメリハリがつけにくいので、少しの工夫が必要です。

・素材違いを合わせてみる

・ベースのワントーンに馴染むカラーを足してみる

・着丈を工夫することで、動きを出す

こんなことに気をつけてみると、ぐんと立体感が生まれます。

仕上げに、バッグか足元に、少し目を引くカラーやデザインのものを合わせてあげれば完成です。

たとえば右ページのコーディネートは、リブ素材のニットや、きれいな赤のバッグが、おしゃれ度をぐっと引き上げてくれています。

tops：UNIQLO
bottoms：GALLARDAGALANTE
bag：ZARA
shoes：CORSO ROMA 9

jacket：PLST
tops：UNIQLO
bottoms：Shinzone
bag：KONTESSA
shoes：Daniella & GEMMA

シンプルワンピースは、ブラックが活躍

dress：GU

シンプルなワンピースなら、ブラックのものが最も便利。着方によって、あらゆる場にふさわしい装いができます。

普段着やすいカットソー素材と、お出かけ着用のレーヨンなどの素材、2種類あると、頼もしいですね。

カットソー素材であっても、ブラックだと途端に高見えしてくれるのも、嬉しいところです。

プチプラショップでもブラックのシンプルワンピースは必ずあるので、私も定期的にチェックするようにしています。

右ページに載せたワンピースも、GUで購入したものです。

あとは、どこのお店のものかがわかりにくいように、ブラックのワンピースだけでも何着かあるようなお店で選んでみるのも、いいかもしれませんね。

dress：GU
tops：Ron Herman
bag：ZARA
shoes：CONVERSE

dress：GU
tops：TOMORROWLAND
bag：ZARA
shoes：Shinzone

柄ワンピースは、普段使いなら小花柄

dress：Plage

柄物のワンピースって、何を選ぶべきか悩みませんか？　普段使いなら断然、小花柄が使いやすいのでおすすめです。なかでも、ベースカラーが濃いめのものを選ぶと、大人の女性らしい着こなしがしやすいです。

単品で見ると可愛らしいアイテムなので、ここは少しピリッとさせて着こなしたいところ。メンズライクなアイテムとの相性がばつぐんなので、困ったときには少しごつめなものを1つとりいれる、それだけ意識してみるといいでしょう。

小花柄を選ぶのには、スタイルアップの意味もあります。大きい花柄のワンピースは、着丈があると重く、太って見えてしまいます。

また小花柄だと、膝丈でもロングでも、着丈に関係なく合わせやすいですよ。

逆にパーティーなどには、　枚でパッと華やかさが出るので、大きな花柄ワンピが向いています。

dress：Plage
tops：DRESSTERIOR
bag：A.
shoes：Daniella & GEMMA

jacket：Spick & Span
dress：Plage
bag：L.L.Bean
shoes：CONVERSE

アクセサリーは、最低3パターンは準備しておく

アクセサリーも服と同じ感覚でコーディネートしてみると、トータルでのバランスが格段にUPします。

とはいえ、出かける前にアクセサリーを選ぶのに、時間を割きたくないですよね。

そこで最初から、ざっくりと3パターンに分けて、それぞれのセットを準備しておくと、朝の時間を効率よく使えます。私は

・きれいめに対応できる、華奢なタイプ
・カジュアルな日につける、ボリュームタイプ
・なんてことのない服をおしゃれに見せてくれる、トレンドタイプ

こんなふうに、3タイプに分けています。

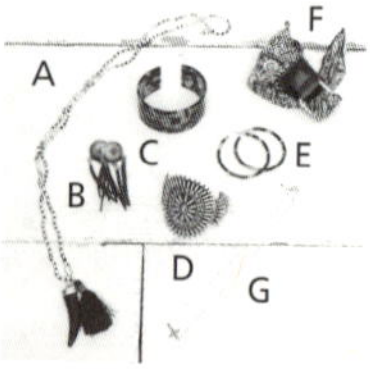

A：Banana Republic
B：A.
C：A
D：Harpo
E：A.
F：A.
G：Archiv

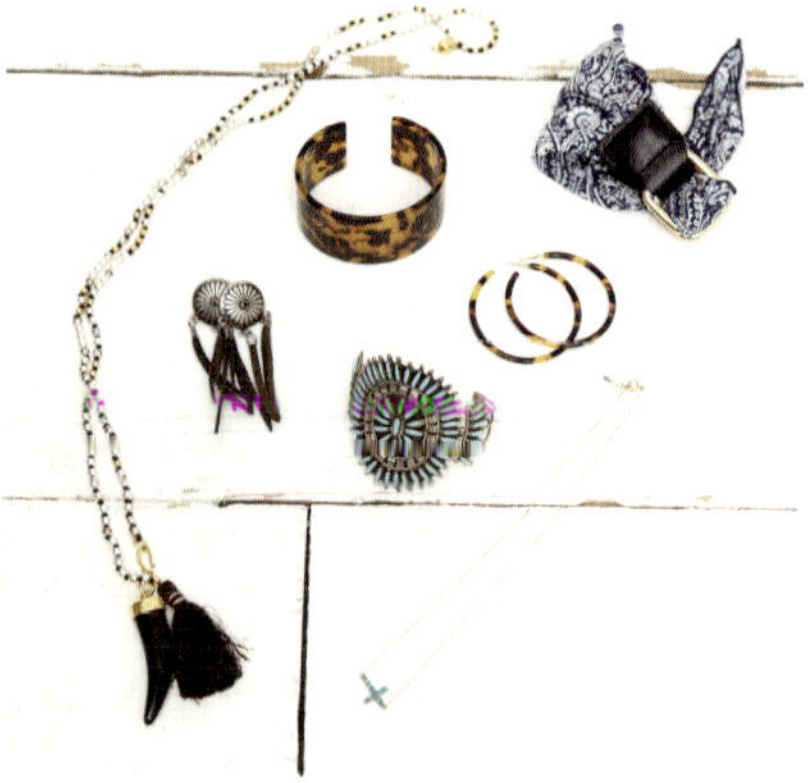

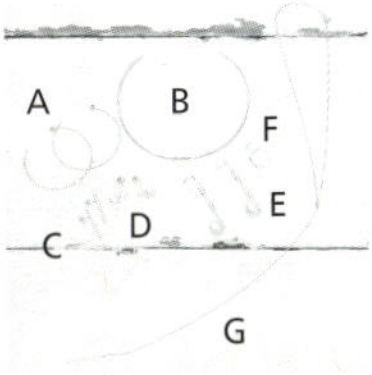

A：JUICY ROCK
B：Maison Margiela
C：A.
D：Harpo
E：Archiv
F：Archiv
G：Maria Black

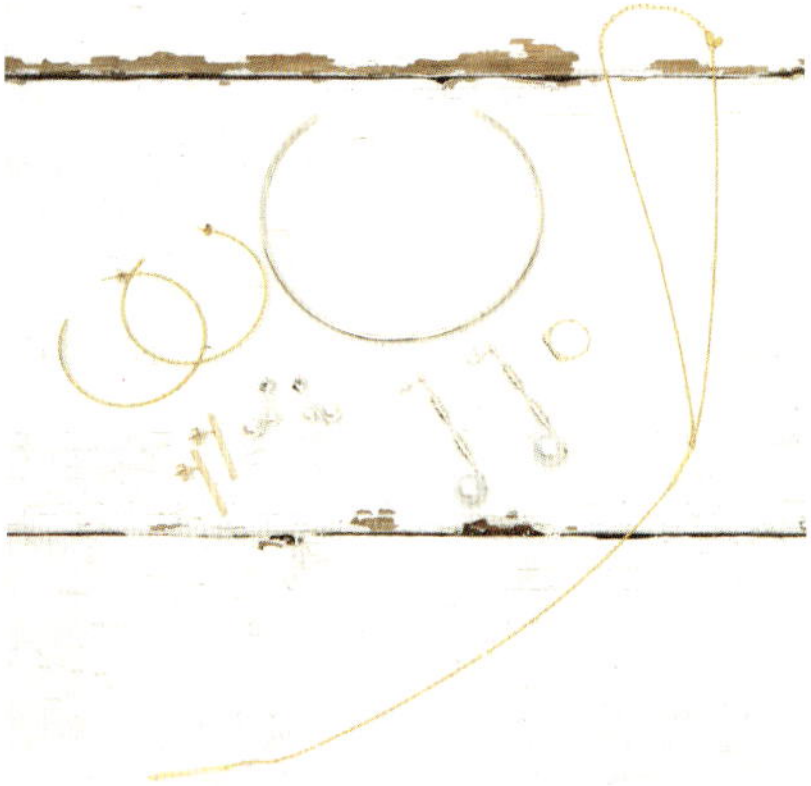

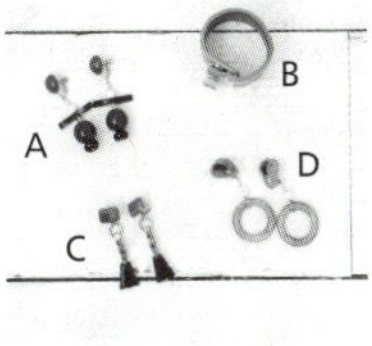

A：ST, CAT
B：MAISON BOINET
C：rada
D：apart by lowrys

COLUMN

ファッションが変わると、自分も、他人も変わる

第一印象が決まるのは3〜5秒で、そのなかで視覚からの情報が占める割合は、なんと50％以上という説があります。ということは、逆にこれを利用しない手はないのかも？

服装で他人からのイメージをコントロールするのは、意外とかんたんで、ちょっと高めのレストランなどでは顕著に効果を実感できます。

たとえば場に応じたファッションをしていると、良い席に通されるなど、見合った対応をしてもらえます。

こんなふうに、ファッションを整えてみるだけで、得られるものはほかにもたくさんあるのです。

あるお客様で、ちょっと自分に自信がない方がいました。ファッションもどことなく自信なさげで、極力目立たないようにしたいんだな、というのがひしと伝わってくる感じ。

その方は、少しずつ今まで挑戦しなかったものに挑戦していく

うち、「おしゃれって楽しいですね！」と、どんどん積極的になっていきました。

最初は「私がこんなのを着ていいんですかね……？」と後ろ向きだったのに、「着たかったものを着ていいんだ！」と気づき、自分自身に許可を与えたことで、みるみるうちに自信がついていき、前向きなオーラが出てきて、顔つきまで変わっていったのです。

これは、ファッションを変えると、外見が変わるだけでなく、内面も変わるという、ほんの一例です。ファッションには、ものすごい可能性があるのです。

COLUMN

行き先だけでなく、相手にも合わせた服選びを

いくらおしゃれにしていても、ＴＰＯにそぐわない格好は残念。ＴＰＯを守ってこそ、大人のおしゃれですよね。

私は、ＴＰＯだけでなく、できるだけ、これから会う相手のテイストに近いものを選ぶようにしています。

そうすることで、お互いにリラックス効果があり、距離も縮まるような気がしています。

たとえば仕事の打ち合わせの場合、相手がスーツの男性なら、私もきっちりきれいめを意識します。また同じような打ち合わせであっても、相手がカジュアルな格好を好む女性だったら、基本はきっちりしつつ、どこかにカジュアルめな外しを加えます。

なにより大事なのは、自分が心地の良いファッションなのか、ということ。

その場に応じて、自分の気分が上がるファッションを選んでいけたらと思います。

SPECIAL CHAPTER

Q

買い物で失敗を減らすためには、どうしたらいいのでしょうか。慎重に、選び抜いているつもりなのですが、結局まったく使わないものや、あとから「なんでこれを買ってしまったんだろう……」と思うものが出てきてしまい、クローゼットを整理するたびに落ちこみます……。

A

まず、流行に流されない、自分の軸となるものをしっかりと見つけましょう。本当に慎重に選び抜いていれば、まったく使わないものは出てこないはずです。

店員さんに流されてしまったり、何か心に引っかかる部分があるのに、買ってしまったり、という覚えはありませんか？

まず103ページの図を使って、自分の着地点を決めましょう。その後に、104ページを参考に、NGリストを書き出してみましょう。自分でも気づいていない買い癖が見つかるかもしれません。

今まで失敗してしまったものを書き出すのも有効です。まずはどんなものがこれ以上必要ないのか、洗い出してみるのが良さそうです。

とはいっても、失敗を完全になくすことは、難しいですよね。たくさん失敗してみることも、ある意味必要なことかもしれません。

振り返ってみると、私もファッション好きゆえの失敗をいろいろとしてきましたし、そこから学んだことも数多くあります。

たとえば、ちょっと疲れ気味のとき、「これを着たら元気がでそう！」なんて思って、派手すぎるワンピースを買ってしまったことも。

新しいチャレンジには失敗もつきもの！　くらいの気持ちも、大事なのかもしれません。

Q

セールの正しい活用法を教えてください。必要ないものを買わないというのはもちろんなのですが、それ以外にも何か、気をつけることがあれば知りたいです。

A

セールでメインで出されているアイテムは、今のシーズンのトレンドものなので、基本的にスルーしましょう。

そして、ベーシックアイテムの強化と、次のトレンドファッションに使えそうなものを中心に見ることをおすすめします。

ベーシックアイテムは、セール品のなかに意外と良いものがまぎれこんでいるので、目を向けてみてください。普段、トレンドものをとりいれることに気を配っている方で、ベーシックアイテムを揃えることが後回しになっている方は多いのです。

ポイントカラーに使えそうなものや小物類は、意外と次のシーズンのトレンドファッションに使えたりします。セールに出向く前に、次のトレンドを軽くリサーチしていくのがいいかもしれませんね。

また私は、セール期間中のなかでも、プレセールのころか、セール中盤以降にチェックすることが多いです。それは、とにかく混んでいる時期を避けるため。人がたくさんいて、みんなが買い物をしていて、という環境だと、判断能力も鈍りますし、試着もしにくいですよね。

場の空気に流されやすいかたは、時期を選ぶだけでなく、何を買うかの事前計画も立ててみましょう。アイテムごとにトップスは2点、パンツは3点までとリストアップし、合計金額はいくらまでというところも決めておくと、迷いが減ります。

そうそう、セールとはまた少し違いますが、「福袋ってどう思いますか?」という相談もよく受けます。

無駄なお買い物になってしまう可能性もありますが、あくまで年初のイベントとして楽しむぶんにはいいんじゃないかな、というのが私の考えです。

もし買うなら、気に入るものがあったらラッキー!　くらいの軽い気持ちで利用してみてはいかがでしょうか。

Q

高橋さんは、コーディネートをどの順番で組み立てていますか？
どのアイテムから決めていくべきか、まずそこから悩んでしまいます。

A

私の場合はですが、前もって決めておかないといけないようなイベントのとき以外は、その日の朝に決めています。子どものころは、前日の夜に決めておく、真面目なタイプだったのですが……。

今は、その日の朝の気持ちを大事にしたい、という気持ちがあるんです。あまり元気がないときは、服で気持ちをカバーしたいなと思い、元気なカラーのものをとりいれてみたり。

でも、無理に気分を奮い立たせたくないときだって、ありますよね。そんなときは、無理に頑張りません。きちんとしないと、という気持ちはおいておき、ゆるっとしたファッションを楽しみます。

あとは、その日の朝に「今日はコレだな」という、主役を1点決めます。服でもアクセサリーでもバッグでも何でもいいし、アイテムではなく色をまず決める、という日もあります。

あとは、その日の予定も考慮しつつ、1つひとつアイテムを足していって、心地良いファッションになるように組み立てていきます。

そして最後に、玄関に置いてある全身鏡で、頭の先からつま先まで、全体のバランスをチェックします。

実際に靴を履いてみると、これじゃなかった！ ということもあるので、そういうときは靴を変えたり、裾をまくったりして微調整します。

それから、誰かにほめられたときのコーディネートを覚えておいて、それを鉄板コーデとして利用するのも、おすすめの方法です。

Q

家族や友人からのファッションアドバイスをとりいれるべきか、迷っています。プロのアドバイスではない場合、聞かないほうがいいのでしょうか。

A

いつも身近にいる家族や友人からのアドバイスは、その人のことをよく知ったうえでの言葉なので、耳を傾けてみる価値はあると思います。

なかには耳がイタいこともあるかもしれませんが、意外な発見がありそうです。

たくさんのお客様を見てきて思うことは、他人からのアドバイスを柔軟に受け入れて、どんどん新たなチャレンジをしようという姿勢の方ほど、変化の度合いが大きく、変わっていくスピードも速いな、ということです。

「これ似合いそう」と言われたときには、「自分にはこれは似合わない」と決めつけずに、いったん、試してみてはいかがでしょうか。

Q

旅行用に服を選ぶときのコツが知りたいです。服や小物はもちろん、旅行に必須のエコバッグの選び方も教えてください。

A

旅行用の服選び、わくわくしますね！　行き先や日数にもよりますが、日常より冒険したファッションを楽しんでみてください。リゾート地なら、マキシドレスやリネン素材のシャツなどがぴったり。思いきって現地調達するのもアリではないでしょうか。

ドレスコードのあるお店で困らないように、ヒールのある靴を持つのも忘れずに。リゾート地では浮かないように、パンプスではなくサンダルを選びましょう。

それから小さな霧吹きスプレーを持っていくと、簡易的なシワとりに使えます。

エコバッグは、コーディネートの邪魔にならないことが第一。無地か、色が少なめのものがいいと思います。パートナーがいらっしゃる方は、彼が持つことも想定し、浮かなそうなものを選んでもいいですね。

私は真っ赤な無地のものと、青と白のストライプのものの2つを愛用中です。

Q

セレモニースーツなどのフォーマルな服を、普段着としていかす方法はありますか？
選び方のポイントや、普段着へのとりいれ方を教えていただきたいです。

A

フォーマル用に買った服は、必要な場面で着たっきりになりがちですよね。購入時に、普段も着られるかな？　という視点で選んでみることが大切です。

〈選び方のポイント〉
・ワンピーススタイプより、ジャケット＋スカートやジャケット＋パンツなど上下で分かれているもの。
・普段着ているシルエットに近いものを選ぶ。タイトスカート派ならタイトスカートのセット、フレアスカート派ならフレアスカートのセットという感じ。

〈普段着へのとりいれ方のポイント〉

・ジャケットなら、本書でも何コーデか載せているような、なかにTシャツを入れたカジュアルスタイルが挑戦しやすい。

・デニムなどでかなりカジュアルダウンさせて着るのもおすすめ。

なかなかイメージがしにくい場合は、買いに行くときに、デニムをはいていって、実際に合わせながら選んでみるといいですよ。

また、セレクトショップの一角に、フォーマルなシーン対応のコーナーがあることも多いので、そこをチェックするのもおすすめです。

ただセレクトショップの場合、一店舗で扱う型数が限られるので、動きが早いです。4月のイベントに使うのであれば、2月中に揃えることを目指し、2月の頭にはチェックし始めるようにしましょう。

Q

高橋さんが、ここにはお金をかけたほうがいい、と思うアイテムは何ですか？

A

ある程度大人の女性が、毎日のように全身プチプラですませることは難しいですよね。

それに、こだわって選んだものって、愛着もひとしおです。ある程度の金額で買ったものを長く大事に着るということも、大切だと思うのです。

お金をかけたほうがいいポイントは、生活スタイルなどによって人それぞれですが、私の場合は「10年後も変わらず好きだろうな」とはっきり思えるかどうか、を1つの判断基準にしています。

そのため、流行のものはそこから外れてくることが多いのですが……仮に流行のものであったとしても、自分はコレが好きだという軸がしっかり持てていれば、迷いなくジャッジできると思います。

あとは傾向として、ベーシックな形のコートや、しっかりした素材のブーツ、形のきれいなパンプスなど、流行に左右されず、かつコーディネートの印象を決めるポイントになるものには、比較的お金をかけている気がします。

また、マフラーやストールなどは顔に触れるものなので、肌触りがなめらかで、質の良いものを選んだほうがいいかなと思います。

ストールやマフラーは、かさばるので、数多く持つことは難しいですよね。私が毎年愛用しているのは、薄手のブルーのストールです。薄手でも大判だと、結び方でいろいろ雰囲気を変えることができるので、おすすめですよ。

撮影協力
AWABEES／ハンガーラック
CIEL 自由が丘／ハウススタジオ

高橋愛（たかはし・あい）
パーソナルスタイリスト、ファッションライター。
服飾大学でデザイン、縫製を中心にファッションを学び、卒業後は10年間アパレル業に携わる。アパレル業時代は、店頭で約5万人をスタイリングした経験を持つ。結婚、出産を経て、パーソナルスタイリストとして独立。現在は、ファッションライターとしての情報発信を活動の主軸としている。本書が初の著書。

OFFICIAL HP
http://aitakahashi-realclothes.com/

OFFICIAL BLOG
http://ameblo.jp/real-clothes-ai/

迷わないおしゃれ

2017年3月28日 第1版第1刷発行

著　者　高橋愛
発行者　玉越直人
発行所　WAVE出版
〒102-0074　東京都千代田区九段南4-7-15
TEL 03-3261-3713　FAX 03-3261-3823
振替：00100-7-366376
E-mail：info@wave-publishers.co.jp
http://www.wave-publishers.co.jp

印刷・製本　シナノパブリッシングプレス

NDC593 190p 19cm ISBN978-4-86621-057-5